CATEQUESE E LITURGIA
NA INICIAÇÃO CRISTÃ

Pe. Thiago Faccini Paro

CATEQUESE E LITURGIA NA INICIAÇÃO CRISTÃ:

O QUE É E COMO FAZER

EDITORA
VOZES

Petrópolis

© 2018, Editora Vozes Ltda.
Rua Frei Luís, 100
25689-900 Petrópolis, RJ
www.vozes.com.br
Brasil

7ª reimpressão, 2025.

Todos os direitos reservados. Nenhuma parte desta obra poderá ser reproduzida ou transmitida por qualquer forma e/ou quaisquer meios (eletrônico ou mecânico, incluindo fotocópia e gravação) ou arquivada em qualquer sistema ou bando de dados sem permissão escrita da editora.

CONSELHO EDITORIAL

Diretor
Volney J. Berkenbrock

Editores
Aline dos Santos Carneiro
Edrian Josué Pasini
Marilac Loraine Oleniki
Welder Lancieri Marchini

Conselheiros
Elói Dionísio Piva
Francisco Morás
Teobaldo Heidemann
Thiago Alexandre Hayakawa

Secretário executivo
Leonardo A.R.T. dos Santos

PRODUÇÃO EDITORIAL

Anna Catharina Miranda
Eric Parrot
Jailson Scota
Marcelo Telles
Mirela de Oliveira
Natália França
Priscilla A.F. Alves
Rafael de Oliveira
Samuel Rezende
Verônica M. Guedes

Projeto gráfico e diagramação: Sérgio Cabral
Revisão: Francine Porfírio
Capa: Felipe Santos | Aspectos
Ilustração de capa: Romolo Picoli Ronchetti

ISBN 978-85-326-5789-3

Este livro foi composto e impresso pela Editora Vozes. Ltda.

◢ SUMÁRIO

Apresentação		07
Siglas		12
Introdução		13
Capítulo 1	A Iniciação Cristã	17
1.1	Iniciação, o que é?	18
1.2	A Iniciação Cristã	24
1.3	O catecumenato da Igreja primitiva	26
1.4	Mistagogia e sua compreensão grega	28
1.5	O fim do catecumenato e o que herdamos	36
	Concluindo	41
Capítulo 2	Ritos e símbolos na dinâmica iniciática	43
2.1	O rito: conceito e definições	44
2.2	A dinâmica ritual	48
2.3	O símbolo: conceito e definições	51
2.4	Os símbolos na liturgia cristã e sua dinâmica: do visível ao invisível	55
2.5	A mediação simbólico-ritual na Iniciação Cristã	62
2.6	Em busca de uma catequese mistagógica	67
2.7	RICA: sintonia entre liturgia e catequese	72
	Concluindo	77
Capítulo 3	Itinerário de inspiração catecumenal	79
3.1	A proposta do itinerário e o contexto onde surgiu	81
3.2	As fontes e os caminhos que iluminaram a proposta	83

3.3	A proposta e seu desenvolvimento	84
3.4	A mudança do calendário de atividades	86
3.5	A mudança do exterior para atingir o interior	87
3.6	A Palavra de Deus, fonte da catequese	92
3.7	Itinerário: os conteúdos em cada etapa	97
3.8	Estrutura e roteiro para os encontros	100
3.9	As celebrações do processo catequético	104
3.10	As celebrações adaptadas do RICA para a catequese infantil	105
3.11	O sacramento da Penitência	108
3.12	Sugestão de subsídio para o catequizando	111
3.13	Formação e capacitação dos catequistas	113
3.14	Encontro com as famílias dos catequizandos	114
3.15	A corresponsabilidade na Iniciação Cristã	116
3.16	A coleção de manuais: "O Caminho"	117
	Concluindo	119
Considerações finais		121
Referências		125
Anexo	Qualidade mistagógica das imagens que utilizamos na catequese	131

Apresentação

Às vezes temos a impressão da possibilidade de sermos cristãos prescindindo de um caminho catecumenal de Iniciação à Vida Cristã, como se para isso bastasse simplesmente seguirmos uma determinada proposta cultural e alguns preceitos éticos. Nestes últimos decênios tomamos cada vez mais consciência de que, para descobrir e viver a beleza e a novidade da vida cristã, é urgente e imprescindível fazer um caminho catecumenal, iluminados e conduzidos por uma catequese que beba da liturgia e encontre nela sua fonte inspiradora.

Este livro fundamentado e didático do Pe. Thiago Faccini, com uma linguagem amorosa e decidida, com referências e ilustrações, gestos de pai e mãe que sabem dar coisas boas aos seus filhos, explica o caminho da Igreja peregrina na orientação e formação do povo de Deus. Mostra, assim, a relação profunda e a genuína sintonia que deve existir entre catequese e liturgia.

Vivemos tempos difíceis; dores e solidões, temores e fobias, violências e indignações, pobrezas e tristezas nos invadem e desafiam a testemunhar a alegria do caminhar com o Senhor Jesus Cristo. O alvorecer desta nova época levou muitos líderes e pensadores a afirmarem que não seria mais necessária a presença de Deus, pois o homem bastaria a si mesmo, resolvendo seus problemas e construindo um reino com as suas próprias ideias e seus superpoderes. A coisa ruim é que as ideias se diluíram, os poderes se enfraqueceram e se corromperam. E o homem está nu, doente e perdido. Só se regenera se aproximar-se de Deus e caminhar com Ele nesta terra-paraíso. As degenerações provocadas pela arrogância e ganância da ambição humana podem ser corrigidas se voltarmos a escutar a voz do Senhor, que ama a todos gratuitamente e sem medidas.

Provocada pelo mudado contexto cultural, ao repensar a sua praxe, a Igreja deve ter claros os critérios que orientam sua conversão pastoral, pois desafios lidos de modo errado podem se transformar em tentações. Mas onde encontrar estes critérios? Numa visão orgânica na qual liturgia, teologia e espiritualidade se cruzam reciprocamente, alimentando um sentido autêntico da Tradição; numa visão orgânica não considerada como uma ideologia retrospectiva, e sim uma autoconsciência da Igreja do que recebeu não como um tesouro inerte, mas como uma vida interior dinâmica.

Eis a ótica com a qual precisamos olhar para a Iniciação à Vida Cristã. Esta que visa a desenvolver um processo capaz de conduzir a um encontro pessoal cada vez maior com Jesus Cristo, fazendo de alguém um cristão, um discípulo com as marcas de Jesus — o estilo, o pensamento, os critérios e a cara d'Ele.

A Iniciação à Vida Cristã com inspiração catecumenal é, de fato, um caminho orgânico e integral, onde os elementos comuns de todo itinerário de fé — isto é, a Palavra, o rito e a vida — são corretamente valorizados.

O anúncio e a acolhida da Palavra assumem a forma da *primeira evangelização* para a maior parte dos catequizandos, dos quais não se pode dar como pressuposta ou descontada uma consciência cristã de base. Isso para passar, depois, a uma catequese mais sistemática sobre as verdades fundamentais da fé, necessária para formar uma "mentalidade de fé".

Em estreita conexão com a catequese, colocam-se as celebrações que marcam as etapas do percurso e se inspiram no modelo patrístico da *traditio/redditio*, como a entrega da Bíblia, do Pai-nosso, do Símbolo da Fé, das bem-aventuranças, da lei nova do cristão... Para uma pedagogia global da fé, não podemos nos limitar a transmitir noções catequéticas e conhecimentos teóricos sobre a Palavra de Deus. Aderir à Palavra quer dizer acolhê-la e deixar-se transformar nos gestos simbólicos e rituais com os quais ela se comunica.

O *rito*, de fato, leva à vida cristã, que é a terceira dimensão para a qual o itinerário quer iniciar através das formas práticas da vida comunitária, do testemunho, do exercício da caridade, sabiamente propostas ao nível dos catequizandos.

Este texto que apresento, inspirando-se nos primeiros séculos da Igreja, mostra a ligação orgânica da Igreja, sobretudo entre as dimensões da catequese, da liturgia e da vida. Se quisermos hoje recuperar esta visão, esta unidade entre catequese e liturgia, precisamos reconstruir itinerários de formação, não mais entendidos como *preparação aos sacramentos*, mas como *preparação à vida cristã*, tendo como base, porém, o que a liturgia dos sacramentos nos diz a respeito desta vida.

Nos primeiros séculos da Igreja, cada sacramento não era considerado como uma realidade isolada, como um mecanismo que produzia graças especiais, e sim como a entrada naquela realidade constituída pelo evento de Cristo. O Batismo, então, era central, porque se constituía como a entrada nesta visão, nesta vida, onde havia um sacramento único, um único *mysterion* que significa "sinal eficaz", manifestação visível portadora da realidade que representa. No mistério/sacramento de Cristo, como é nomeado na Escritura — "o mistério de Deus, isto é, Cristo"[1] —, é contida toda a salvação: Deus Pai nos salva

---

1 Cl 2,2; cf. Ef 3,4.

através da obra salvadora do Filho encarnado, Jesus Cristo; Jesus é o sacramento desta obra salvadora de Deus; a Igreja é o sacramento deste Jesus Salvador e a liturgia é o sacramento do mistério de Jesus que nos salva, operante ainda no meio de nós de tal forma que, como diz São Leão Magno, "o que era visível em nosso Salvador, passou aos sacramentos"[2].

Quando na visão escolástica e pós-tridentina este mistério de salvação foi reduzido a uma lista de sete sacramentos, perdeu-se esta visão tudo-unitária. Cada sacramento foi considerado como uma entidade isolada, com características específicas. Os sacramentos, então, foram compreendidos apenas como "meios que produzem a graça santificante", uma graça específica para cada sacramento.

Na Igreja antiga, no entanto, existia uma convergência sobre o mistério de Cristo que resumia toda a História da Salvação, tal como era realizada pela vinda do Espírito Santo em Pentecostes. Assim era difícil, para os antigos cristãos, captar cada ponto desta história sem ver, ao mesmo tempo, o restante. Por isso a Igreja antiga celebrava o Batismo, a Confirmação e a Eucaristia sempre durante a noite entre o sábado e o domingo, com preferência no sábado da Semana Santa ou na véspera da Epifania, quando era celebrada uma real recapitulação do mistério todo de Cristo.

Os elementos que constituíram e que ainda constituem as constantes da liturgia dos sacramentos da Iniciação Cristã — o Batismo, a Confirmação e a Eucaristia — significam e, significando, comunicam, tornam presente e pedem um compromisso por parte de quem os recebe, implicando também uma dinâmica da vida espiritual. Dar atenção à liturgia e à forma dos sacramentos — aos ritos — é importante,

---

2 Epistola 74,2.

porque a liturgia revela e cumpre o que a Igreja crê que se realize através dessas ações. A função da liturgia e do rito é mostrar, manifestar o que celebra. O que é feito e o que acontece, o sinal e o seu significado coincidem. O Batismo, por exemplo, é o que ele representa. Por isso a melhor maneira de compreendê-lo é justamente prestando atenção ao rito, pois é a partir dele que se acessa o que é comunicado.

Este livro, preparado com competência, zelo pastoral e preocupação amorosa pelo Pe. Thiago Faccini, é um precioso auxílio que convida e ajuda a fazer um percurso investigativo pelo universo dos ritos e dos símbolos, favorecendo analisar seu significado e sua utilização nos diversos contextos, ressaltando de modo especial a relação necessária e harmônica entre liturgia e catequese. Sua leitura atenta e meditada certamente trará benefícios à compreensão e prática litúrgico-pastoral para as comunidades e as pessoas que acreditam ser a Iniciação à Vida Cristã o imprescindível caminho de conversão pastoral e de integração das diversas dimensões pastorais, o que possibilitará um tempo de graça envolvendo nossas Igrejas locais com a abundância da vida nova.

† Dom Carlos Verzeletti
Bispo de Castanhal do Pará

Siglas

CDC	Código do Direito Canônico
CELAM	Conselho Episcopal Latino-Americano
CNBB	Conferência Nacional dos Bispos do Brasil
DGC	Diretório Geral para a Catequese
DGAE	Diretrizes Gerais da Ação Evangelizadora da Igreja no Brasil
DNC	Diretório Nacional de Catequese
DV	*Dei Verbum*
MR	Missal Romano
RICA	Ritual de Iniciação Cristã de Adultos
SC	*Sacrosanctum Concilium*
DAp	Documento de Aparecida

Introdução

A Iniciação à Vida Cristã é um assunto extremamente necessário à formação da fé. É inclusive apresentado como uma das urgências nas Diretrizes Gerais da Ação Evangelizadora da Igreja no Brasil (DGAE)[3], "Igreja: casa da Iniciação à Vida Cristã", e posteriormente reforçado com a publicação do Documento 107 da CNBB, "Iniciação à Vida Cristã: itinerário para formar discípulos missionários".

Para refletir sobre este tema tão importante é preciso mudar alguns paradigmas, abrindo-se a uma nova concepção e maneira de pensar e fazer catequese, pois o processo de iniciação ao cristianismo vai muito além de transmitir os dogmas e a doutrina da Igreja numa metodologia puramente escolar e/ou cheia de dinâmicas. É preciso resgatar o conceito antropológico de "iniciação", voltando aos primeiros séculos da Igreja e redescobrindo o método catecumenal, processo iniciático feito pelos Santos Padres, sobretudo através das catequeses mistagógicas.

Mas o que é um paradigma e como nasce? Etimologicamente, o termo encontra sua origem no grego *paradeigma*, que significa modelo ou padrão. Paradigma é, portanto, aquilo que adotamos como modelo, as normas orientadoras a um grupo, o que determina como se deve agir. Em nossa prática pastoral, e em cada comunidade, sem dúvida existem inúmeros paradigmas que às vezes precisam ser questionados e refletidos para entendermos como surgiram.

---

3 DGAE 2015-2019, p. 41.

Para ajudar a compreender a importância de questionar nossas práticas paradigmáticas, podemos considerar uma experiência. Cientistas aprisionaram cinco macacos e, no centro da jaula, colocaram uma escada que levava a um cacho de bananas pendurado. Ao avistar as bananas, imediatamente um dos macacos subiu a escada para apanhá-las e, enquanto isso, os quatro macacos que permaneceram no chão levaram um banho de água gelada. Esse procedimento se repetiu todas as vezes que um dos macacos subia para pegar as bananas. Em pouco tempo, apesar da tentação, os macacos foram condicionados a não mais tentarem se aproximar das bananas para evitarem a "punição" com o jato de água gelada. Quando os animais não mais demonstravam essa iniciativa, os cientistas começaram a substituir os macacos, trocando um de cada vez. Os novos integrantes, sem saber o que antes acontecia, obviamente subiam a escada para apanhar as bananas, porém eram rapidamente puxados e agredidos pelos demais. Quando o último macaco foi substituído, formou-se um grupo de cinco animais que nunca levaram o banho de água gelada, mas que reproduziram a prática de não deixar nenhum deles se aproximar das bananas. Se pudéssemos perguntar a esses macacos, que nunca experimentaram diretamente a punição com a água gelada, por que agrediam os que tentavam pegar as bananas, sem dúvida responderiam: "Não sei, desde que chegamos aqui, sempre foi assim"[4].

Esse relato retrata a realidade de muitas das nossas paróquias, onde em determinado momento, ao iniciar nosso trabalho pastoral, recebemos as orientações de como proceder, ou simplesmente reproduzimos os costumes já existentes e nunca nos questionamos por que fazemos as coisas desta maneira. Raramente buscamos saber a origem e o fundamento da prática que se está realizando. E quando alguém ousa propor alguma mudança, rapidamente é reprimido, em especial pelos mais

---

4 Essa experiência pode ser assistida em formato de animação no YouTube, ao pesquisar por "como nascem os paradigmas – grupo de macacos". Uma das versões disponível on-line está indicada nas referências.

conservadores: "Por que mudar? Sempre foi assim". É preciso, portanto, não apenas questionar por que assim fazemos, mas também por que estamos "agredindo" quem apresenta uma iniciativa diferente. Na maioria das vezes o comodismo não nos deixa enxergar que o mundo e as pessoas mudaram, e que nossas práticas e estruturas podem já não dialogar nem responder às necessidades e interrogações da sociedade em que estamos inseridos.

É com esse convite, de mudar paradigmas e de se abrir a uma nova maneira de ver que é possível fazer diferente, que propomos através deste livro uma reflexão para compreender o que é a Iniciação Cristã, assim como qual é o papel e o lugar da catequese e da liturgia dentro deste processo.

Após esse alerta, podemos dizer que toda e qualquer religião se manifesta principalmente através dos seus ritos e símbolos. Eles revelam os fundamentos e a identidade da religião. Neste sentido, todos os que estão sendo iniciados na fé, para incorporarem-se ao grupo, devem receber as bases para sua compreensão, os códigos que revelarão os mistérios e a crença escondida nos ritos. O significado teológico de um rito oferece possibilidade à sua interpretação e, ao mesmo tempo, inspira a vitalidade de sua execução.

Porém, quando a educação simbólico-ritual não é bem-feita, ou seja, não faz com que o iniciado experimente os ritos e símbolos, ajudando-o a descobrir os seus significados, corre-se o risco de uma interpretação individualista, às vezes banal e monótona. O rito pode ser visto como mera repetição, algo vazio.

Diante de uma sociedade marcada pela grande pluralidade religiosa, muitos oferecem "seu produto" com apelos de marketing, sentimentalismo e promessas de cura e prosperidade. Neste contexto, a religião acaba instrumentalizada e manipulada. Por isso é indispensável uma Iniciação Cristã que eduque e conduza para uma experiência mística e pessoal de Jesus Cristo, na qual a sensibilidade simbólico-ritual se torna essencial para revelar e atingir o que a voz não consegue dizer nem alcançar. Com os ritos e símbolos, o homem é tocado por inteiro, pois a experiência simbólico-ritual passa pelos sentidos do corpo até chegar à mente e ao coração.

Neste sentido, pretendemos a princípio conceituar e esclarecer alguns termos importantes, como Iniciação Cristã, ritos e símbolos na liturgia cristã... Estas definições são relevantes, pois nelas se encontra uma gama de significados e interpretações para cada uma. Para liturgia, por exemplo, o símbolo apresenta um significado específico, diferente do entendimento da pastoral catequética. Buscar uma compreensão única destes conceitos para os envolvidos na Iniciação Cristã é essencial para estabelecer o diálogo e propor pistas de ação. Além disso, faremos um breve resgate histórico da Igreja primitiva, na busca pelos fundamentos antropológicos, culturais e teológicos a uma Iniciação Cristã eficaz.

Depois mostraremos a importância dos ritos e símbolos para a vivência da fé e como se dá a comunicação simbólico-ritual na liturgia. E, por fim, proporemos pistas para uma catequese permeada por símbolos e ritos, unindo catequese e liturgia, resgatando e atualizando o método mistagógico utilizado pelos Padres da Igreja, fazendo da catequese um verdadeiro processo de Iniciação Cristã. Que estas páginas possam ajudar nossas comunidades a refletir sobre suas atuais práticas, abrindo-lhes horizontes e trazendo a esperança de que é possível, com esforço e dedicação, vencer os desafios do século XXI e iniciar nossas crianças e jovens na fé.

Capítulo 1
A Iniciação Cristã

1.1 INICIAÇÃO, O QUE É?

Para compreendermos a importância do rito e símbolo dentro do processo iniciático, precisamos primeiramente entender o que é iniciação e como ela se dá nas mais diversas culturas e religiões. O termo "iniciação", de origem pagã, expressa um fenômeno humano geral e obedece ao processo de adaptação de toda pessoa ao ambiente físico, social, cultural e religioso[5]. Etimologicamente, provém do latim *"in--ire"*, que significa "ir bem para dentro"[6]. Pode-se interpretar como sendo "um tempo de aproximação e imersão em novo jeito de ser; sinaliza uma mudança de vida, de comportamento, com a inserção num novo grupo"[7].

Como exemplo de iniciação, podemos citar a maçonaria e o candomblé. Se olharmos imagens desses grupos em suas reuniões e cultos, veremos vários símbolos e indumentárias com significados e sentidos diferentes. Se perguntarmos a pessoas que não pertencem a esse grupo, dificilmente saberão dizer o que significam, pois, para compreender o seu sentido, é preciso ser *iniciado*, ou seja, receber as chaves e códigos que ajudarão a revelar o sentido dos objetos e ritos de cada grupo.

Por uma questão didática, podemos considerar o exemplo da iniciação religiosa de um povo indígena. Na cultura de certa comunidade, a idade em que os filhos devem ser iniciados é determinada pelos pais. Na noite escolhida, o menino é retirado do povoado e conduzido pelo chefe da tribo até uma cabana no meio da mata. Enquanto é levado,

---

5 BOROBIO; TENA apud BOROBIO, 1993, p. 23.

6 Estudos da CNBB 97, n. 46, p. 35.

7 Ibid.

sua mãe retira a rede em que ele dormia e simula o choro. As lágrimas são símbolos da perda, pois sabe que o filho não mais retornará como criança. Durante semanas ou meses, o menino é mantido longe da tribo. Na cabana, recebe a visita constante dos guerreiros e do chefe da aldeia que lhe transmitem os segredos da tribo. Histórias, mitos, deuses que cultuam, danças e cantos, ritos e símbolos lhe são apresentados como elementos que guardam e revelam a identidade de seu povo. Nesse período, é privado de banho e alimentos para fazer a experiência da fome. Enterrado vivo, faz a experiência da morte... Os anciãos com alguma história para contar têm livre acesso à cabana. Os demais, porém, devem ficar afastados, e o menino, mantido longe sem contato com a aldeia.

Completado o tempo em que lhe são transmitidos os segredos da tribo, o menino é levado até a beira do rio onde é banhado, tem seus cabelos cortados e o corpo vestido com pinturas e penas coloridas. Um novo nome lhe é atribuído, significando o status que assumirá perante a comunidade, e então ele é conduzido de volta à aldeia, que o recebe com festa. Regressa à tribo, portanto, não mais como um menino, mas um homem, um guerreiro que guarda o segredo de seu povo. Não volta mais à casa dos pais, pois lhe é dada uma nova morada, construída em frente à materna, símbolo da nova vida. Não pode mais brincar com as crianças e, muito menos, revelar-lhes o acontecido enquanto esteve afastado[8].

Essa é apenas uma ilustração de como se dão os vários ritos de iniciação religiosa dentro da história de um povo. Retirado do meio social (comunidade), o garoto passa pelo noviciado, ou seja, aprende, é introduzido nos ritos e, depois, apresentado com um novo status. Estes vários ritos formam um processo gradativo chamado de "ritos de passagens iniciáticos" ou "ritos com noviciado". As "comunidades afro-indígenas e de outros continentes estão familiarizadas com ritos de passagem. Sociedades secretas também usam verdadeiros proces-

---

8 cf. LACHNITT, 1993.

Talvez possamos abrir um parêntese e nos perguntar: o que há em comum entre os grupos citados (maçonaria, candomblé e povos indígenas)? Percebe-se que todos são regidos de certo modo pela Disciplina do Arcano (Disciplina do Segredo ou Lei do Arcano), conceito utilizado para expressar o costume de religiões e grupos de manter em sigilo suas práticas aos não iniciados. Prova disso é que não veremos sendo transmitida por algum meio de comunicação uma reunião da maçonaria ou um culto do candomblé, tampouco poderemos participar de qualquer encontro se não passarmos pela iniciação (salvo raros momentos celebrativos que se realizam de modo aberto). Esse cuidado apresenta como primeira motivação evitar a má interpretação das práticas do grupo, pois alguém não iniciado que desconhece a história e o significado das ações rituais, ao participar das reuniões e dos cultos do grupo, poderá ter dificuldade para compreender a experiência. O sigilo aos não iniciados é fundamental, portanto, para não haver distorções quanto à simbologia e importância dos rituais. Ainda, o sigilo atende a uma questão pedagógica, visto que, durante a iniciação, primeiro se vivencia o rito, se faz a experiência e somente depois se recebe a explicação, tal como verificaremos ao abordar os temas das catequeses mistagógicas.

sos de iniciação"[9]. O esquema a seguir ajudará a compreender melhor a dinâmica da iniciação do ponto de vista antropológico:

Ritos com noviciado

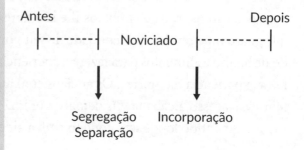

Diante do esquema exposto, percebe-se que a constituição do processo iniciático prima por dualidade: assumir uma vida nova, no decorrer do itinerário, em contraposição a uma situação de vida a ser abandonada; deixar de ser o que se é para ser o que ainda não é; ser menor sem direitos para tornar-se maior de plenos direitos; perder a memória da existência anterior para ser iniciado nos conhecimentos espirituais básicos à vida nova; nome antigo abolido e esquecido para receber um nome novo, a ser escolhido e imposto ao iniciado, símbolo do seu novo status religioso e social[10].

---

9 Estudos da CNBB 97, n. 47, p. 36.
10 LELO, 2005.

Neste sentido, o paradigma do processo ritual possui três fases, segundo o antropólogo Victor Turner[11]. Na primeira ocorre a *desestruturação*, onde a pessoa é conduzida para fora do ambiente de estrutura rígida e colocada em uma situação "limiar". Daí nasce a *liminaridade*, segunda fase, que produz certa pureza simbólica na qual o indivíduo, saindo de uma estrutura formal, assume um caráter universalista e entra em uma comunidade. A última fase compreende a *reestruturação* baseada na retomada de modelos especificamente estruturais. Assim, a desestruturação acontece no período de separação da comunidade, onde são ensinadas as normas de pertença ao grupo e revelados os seus mitos, símbolos e ritos, com as chaves e os códigos para decifrá-los ou interpretá-los.

A primeira e segunda fases acontecem "na cabana iniciática" (novo espaço para onde é levado), que simboliza "o ventre materno, a regressão ao estado embrionário. Esse novo espaço geográfico será o cenário da iniciação e reproduzirá de forma mítica as origens do grupo social"[12]. Nesse momento, o candidato se prepara para as responsabilidades da vida adulta ao mesmo tempo que, aos poucos, desperta para a vida espiritual[13].

"A prova ou liminaridade entende-se como a morte mística à infância, à assexualidade, à ignorância; é o símbolo da morte para a existência profana anterior e a consequente transformação em 'espírito'; significa o começo de uma nova vida"[14]. Os candidatos recebem novos nomes, que representam a nova identidade, o novo ser. Agora, após o noviciado, realiza-se a inserção responsável do iniciado e sua acolhida por parte do grupo. Incorporado ou reintegrado na comunidade (reestruturação), com um novo status, com plenos direitos, pois é uma nova pessoa que sabe e conhece a tradição, as histórias, o que identifica e dá identidade ao grupo.

---

11 TURNER apud TERRIN, 2004, p. 18.

12 LELO, 2005, p. 16.

13 Ibid.

14 Ibid.

O iniciado é alguém transformado, pois sofreu uma mudança radical no seu ser e no seu estatuto social. Precisou morrer para a vida anterior e renascer para uma vida superior. "Iniciação" significa início, ingresso em uma vida nova[15]. Assim se pode dizer, com Mircea Eliade, que iniciação é

> ...um conjunto de ritos e ensinamentos orais, visando realizar uma transformação do estatuto religioso e social do iniciado. Do ponto de vista filosófico, a iniciação equivale a uma mutação ontológica existencial. Ao final do período de provas, o neófito goza de uma existência totalmente diferente da que possuía antes: transforma-se noutra pessoa.[16]

A partir do que expomos, pode-se dizer que o processo de iniciação de uma comunidade religiosa, de um povo ou grupo traz por objetivo transmitir a essência e os princípios que o identificam, causando uma transformação no indivíduo. Porém essa transmissão não pode ser feita simplesmente de maneira verbal, e sim valorizando principalmente a experiência. É um processo que passa pelos sentidos, através de ritos e símbolos. É isso que causa a transformação, pois, pela mediação simbólico-ritual, o indivíduo é tocado por inteiro, enxerga o invisível. Falar de "fome" é diferente de senti-la ao ser privado de alimentos.

Olhando nossa realidade enquanto cristãos, e nossa prática de "iniciação" com nossas catequeses, podemos nos questionar: nossa catequese de fato inicia crianças, adolescentes e adultos na fé católica? Se analisarmos com sinceridade, veremos que não. Basta observar que ao término da catequese, sobretudo após a celebração do sacramento da Crisma, são poucos os que permanecem na Igreja. Ora, o itinerário catequético deveria causar uma transformação na vida dos catequizandos, fazendo-os sair diferentes do modo como entraram, ou seja, conscientes de que agora guardam os segredos da fé católica e de que

---

15 NOCENT apud SARTORE; TRIACCA (Orgs.), 1992, p. 594.
16 ELIADE, 1986, p. 187.

se tornaram responsáveis pela Igreja de Cristo, assumindo-se discípulos missionários.

Diante disso, a catequese deveria lhes dar as chaves e os códigos para compreenderem toda a ação ritual da liturgia, ou seja, ao término do processo catequético, os catequizandos deveriam ter condição de saber por que o padre beija o altar no início da missa, o que significa o círio pascal, o incenso e os gestos litúrgicos, o que ofertamos a Deus na celebração eucarística... A prova de que grande parte dos nossos fiéis não foi iniciada na fé está na prática celebrativa das inúmeras comunidades espalhadas pelas dioceses e na constante reclamação de que a missa é cansativa ou é sempre a mesma coisa. Este discurso revela que os catequizandos não foram iniciados na fé, e não sabem o que se está celebrando.

Mas o que fazer? Talvez olhar nossa história e descobrir que, no passado, a Igreja já teve um processo de Iniciação Cristã determinado ajude-nos a vislumbrar novos horizontes e uma conversão pastoral.

1.2 A INICIAÇÃO CRISTÃ

A Iniciação Cristã é um conjunto de atos pelos quais a fé realiza, por uma ação simbólica, a comunhão com o mistério. Refere-se aos passos indispensáveis para entrar na comunidade dos seguidores de Jesus Cristo. É o processo responsável por dar os códigos e as chaves aos catecúmenos, para que cheguem a uma participação "plena, consciente e ativa"[17] na vida da Igreja Católica Apostólica Romana e em sua liturgia.

Segundo Borobio e Tena, quatro elementos configuram a iniciação de modo geral e podem ser facilmente aplicados à iniciação ao cristianismo, formando suas características. Em primeiro lugar, o "mistério", a relação com o transcendente — para os cristãos, a inserção no Mistério Pascal de Cristo, em caráter pessoal. "Não se trata de um elemento mítico, mas estritamente histórico, não se trata de uma doutrina ou de uma construção mental — científica, religiosa, ideológica —, mas de uma pessoa"[18]. Em segundo lugar, a "simbologia", um corpo de símbolos, que forma a ponte de aproximação e inserção no mistério. No cristianismo, os símbolos não são simplesmente um conjunto para exprimir o desejo de aproximar o homem do mistério, mas "elementos visíveis de uma realidade total em que Cristo, pela Igreja, comunica com Sua presença o que os símbolos significam: 'O mistério na história'"[19]. Em terceiro lugar, uma comunidade de "iniciados" que busca um estado comum e desenvolve uma simbologia institucional, pelos quais são reconhecidos. No cristianismo, a Igreja é realmente a comunidade dos iniciados, "na totalidade de sua compreensão hierárquica e sacramental, no exercício de sua mediação 'maternal'"[20]. E por fim, "em quarto lugar, está o 'sujeito' da iniciação que deve ser capaz de entrar no mistério, de aceitar

---

17 SC, n. 14.

18 BOROBIO; TENA apud BOROBIO, 1993, p. 24-25.

19 Ibid.

20 Ibid.

suas consequências"[21]. É o ser humano, mas, no contexto cristão, o que nele acontece não procede da ação humana, mas da graça de Deus.

As narrativas bíblicas do Novo Testamento sobre a iniciação são escassas. Não encontramos um rito determinado e estruturado para quem buscava conhecer a fé e, na conversão, pedia o Batismo. Porém vários textos se referem a um anúncio e a uma preparação ao Batismo, como pode ser visto no relato sobre o etíope[22], eunuco e alto funcionário da rainha da Etiópia: "Abrindo então a boca, e partindo deste trecho da Escritura, Filipe anunciou-lhe a Boa Nova de Jesus"[23]. No anúncio de Felipe, em seu testemunho, sua autoridade e convicção foram tão intensas que transformaram a vida do etíope que, ao avistar água, pediu-lhe o Batismo: "Disse então o eunuco: 'Eis aqui a água. Que impede que eu seja batizado?' E mandou parar a carruagem. Desceram ambos à água, Filipe e o eunuco. E Filipe o batizou"[24].

Apesar de não encontrarmos um rito de iniciação estruturado nas Sagradas Escrituras, sabemos que os cristãos do primeiro século se preocupavam e buscavam organizar um processo iniciático.

> Nos primeiros séculos da experiência de fé cristã, vemos surgir o desejo de estabelecer um processo de *iniciação cristã*. As diversas igrejas compreendem que a rapidez do início da fé cristã não podia se manter. Sentem a necessidade de uma pregação mais aprofundada que consistia numa conversão da vida à fé, numa instrução litúrgica, moral e doutrinal, isto é, o Catecumenato.[25]

No século III, já é possível encontrar registros de um processo de preparação mais completo e estruturado, composto de quatro tempos (pré-catecumenato, catecumenato, iluminação ou purificação e mistagogia) que são marcados por etapas ou ritos (admissão, eleição e celebração dos sacramentos). Esse processo, que nasce e se consolida pela experiência das comunidades cristãs, é chamado de catecumenato — hoje muito estudado e conhecido, famoso pelas grandes catequeses mistagógicas dos Padres da Igreja.

---

21 BOROBIO; TENA apud BOROBIO, 1993, p. 24-25.

22 cf. At 8,26-40.

23 At 8,35.

24 At 8,38.

25 LIMA, 2014, p. 3.

1.3 O CATECUMENATO DA IGREJA PRIMITIVA

O catecumenato da Igreja primitiva, que começa a ser desenvolvido no século II e alcança seu auge nos séculos III e IV, é constituído por quatro tempos e três etapas:

◢ **Pré-catecumenato**, de tempo ilimitado. Após o anúncio evangélico e o convite para abraçar a fé e a conversão, os simpatizantes são interrogados sobre suas reais intenções. Comprovada a intenção do candidato, através de um rito litúrgico, são admitidos ao segundo tempo, o catecumenato. O rito litúrgico refere-se à **primeira etapa** em que o candidato era acolhido à porta da igreja, dizia seu nome e era apresentado à comunidade, que o interrogava sobre suas motivações. Acolhido, era convidado a entrar na igreja para a primeira instrução sobre a Palavra de Deus. Esse rito concluía o tempo do pré-catecumenato e abria o catecumenato, início propriamente dito da Iniciação Cristã.

◢ **No catecumenato**, faz-se um percurso que varia em média de um a três anos, quando são apresentados os fundamentos da fé cristã, integrando fé e vida, permeados por vários momentos de oração. Nesse período os catecúmenos participam apenas da celebração da Palavra, pois, por não serem iniciados, não podem participar dos sacramentos — devido à Disciplina do Arcano. Considerados aptos, começam uma preparação mais intensa aos três sacramentos da Iniciação Cristã; é o tempo de purificação. O rito de eleição é a celebração que marca a transição do tempo do catecumenato para o de purificação, **segunda etapa**, realizado no início da Quaresma.

◢ O tempo de **purificação** é realizado por excelência durante a Quaresma. Nesse período, o catecúmeno é levado a amadurecer suas decisões, a intensificar as orações e a jejuar, além das várias celebrações e entregas (Credo, Pai-nosso...) que acontecem nesse período.

◢ Enfim, na grande vigília do Sábado Santo, com a celebração dos sacramentos da Iniciação Cristã — Batismo, Crisma e Eucaristia, ponto alto da iniciação —, tornam-se cristãos. É a **terceira etapa**, na qual se aproximam pela primeira vez do banquete eucarístico e participam de toda a celebração — até então, participavam apenas da Liturgia da Palavra em que, após a homilia, recebiam a benção e eram dispensados.

◢ Após a recepção dos três primeiros sacramentos, inicia-se a quarta e última etapa: a **mistagogia**, à qual nos dedicaremos um pouco mais.

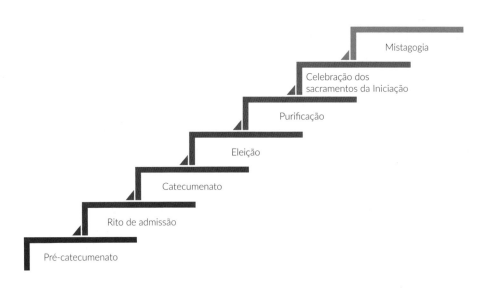

1.4 MISTAGOGIA E SUA COMPREENSÃO GREGA

O processo catecumenal primitivo, visto como um caminho a ser percorrido, tem sua organização, estrutura e planejamento compostos por fases e etapas percorridas pelo catecúmeno de forma pessoal, fazendo a experiência de Cristo e da Igreja enquanto comunidade de fé. Nesse processo encontra-se a mistagogia litúrgica, ou seja, uma instrução partindo dos ritos e símbolos da celebração de cada sacramento da Iniciação Cristã. O termo "mistagogia", derivado da língua grega, é composto por dois conceitos: *mist* (vem de "mistério") + *agogia* (relativo a "conduzir" ou "guiar"). Assim, pode-se traduzir mistagogia como a ação de guiar, conduzir, para dentro do mistério ou, ainda, a ação pela qual o mistério nos conduz.

> Etimologicamente possui o sentido de ser conduzido para o interior dos mistérios. [...] Na antiguidade cristã, o termo designa, sobretudo, a explicação teológica e simbólica dos ritos litúrgicos da iniciação, em particular do Batismo e da Eucaristia.[26]

A mistagogia se dirigia aos neófitos, ou seja, aos recém-batizados. A prática predominantemente entre os padres envolvia "expor o significado dos ritos e símbolos dos sacramentos, isto é, os 'mistérios', somente depois que tivessem sido celebrados"[27].

Não divulgar o conteúdo dos ritos dos sacramentos da Iniciação Cristã era a prática da Disciplina do Arcano, ou Disciplina do Segredo, conforme anteriormente mencionado. Dois motivos podem ser identificados para o surgimento deste costume. O primeiro, de cunho pedagógico, era "para compreender mais plenamente as implicações

---

26 COSTA, 2014, p. 66.
27 CHUPUNGCO, 2008, p. 154.

doutrinárias e espirituais dos ritos sacramentais, [pois] nada é mais útil do que aludir a uma experiência anterior dos ritos"[28]. Cirilo de Jerusalém já atestava isto, como se pode ler em uma de suas catequeses:

> Desde há muito tempo desejava falar-vos, filhos legítimos e muito amados da Igreja, sobre estes espirituais e celestes mistérios. Mas como sei bem que a vista é mais fiel que o ouvido, esperei a ocasião presente para encontrar-vos, depois desta grande noite, mais preparados para compreender o que se vos fala e levar-vos pelas mãos ao prado luminoso e fragrante deste paraíso.[29]

Cirilo esclarece que a ação simbólico-ritual é mais bem compreendida depois de vivida como experiência. Antes de falar e explicar algum símbolo ou rito, portanto, é preciso experimentá-lo na vida, visualizá-lo, deixá-lo passar pelos sentidos do corpo para chegar à mente e ao coração. Os catecúmenos participavam dos ritos litúrgicos da Vigília Pascal, mesmo não conhecendo os seus significados, pois estavam espiritual e moralmente preparados para eles.

A segunda razão para a Igreja manter o segredo quanto à natureza dos sacramentos diz respeito ao "medo de que os pagãos pudessem compreender mal as ações sagradas e fazer uma caricatura dos sacramentos cristãos"[30]. Vale ressaltar que os Padres não assumiram o conceito grego de mistério como uma realidade que devia permanecer escondida, e da qual não se podia falar. Para os Padres e a fé judaico--cristã, a compreensão de mistério é "a revelação do segredo de Deus, da sua vontade. Os Padres da Igreja se limitavam a reconhecer, no termo grego *mystagohía*, no seu significado de iniciação aos mistérios cultuais por parte do mistagogo"[31]. Os Padres gregos, portanto, usavam os termos *mystagôgéô* (introduzo ao mistério) e *mystagôgia* (introdução aos mistérios) ao recordarem a iniciação sacramental.

---

28 CHUPUNGCO, 2008, p. 157.
29 CIRILO DE JERUSALÉM, 2004, p. 25.
30 CHUPUNGCO, op. cit., p. 156.
31 BOSELLI, 2014, p. 18.

O termo mistagogia se apresenta, então, como referência não apenas com relação aos sacramentos da Iniciação Cristã, ao se dedicar a iniciar aos mistérios ou a explicá-los depois de os haver experimentado — como no caso das catequeses mistagógicas de Cirilo de Jerusalém, João Crisóstomo, Gregório Nazianzeno, Gregório de Nissa, Ambrósio de Milão e outros —, mas também por constituir atenta, minuciosa e às vezes complexa explicação de cada palavra e gesto.

São três os elementos identificados no método mistagógico dos Padres: "a valorização dos símbolos na liturgia; a interpretação dos ritos à luz da Escritura, na perspectiva da História da Salvação; a abertura ao compromisso cristão e eclesial, expressão da vida nova em Cristo"[32]. De modo especial, os Padres habitualmente combinavam em seus escritos mistagógicos a tipologia bíblica e a teologia dos mistérios, e revelavam os significados profundos dos ritos litúrgicos. Considera-se, nesse contexto, que a "tipologia bíblica, altamente valorizada pela tradição litúrgica e patrística, vincula a celebração dos sacramentos à História da Salvação e, por assim dizer, mergulha os neófitos na corrente do plano salvífico de Deus"[33].

> A mistagogia é, ao mesmo tempo, conhecimento do mistério contido nas Escrituras e conhecimento do mistério contido na liturgia. O objeto de conhecimento é único: o mistério de Deus. As modalidades de expressão do mistério são duas: a Escritura e a liturgia. E o método de conhecimento é para ambas um só: a mistagogia. A grande intuição espiritual que os Padres da Igreja expressaram com suas catequeses mistagógicas foi aquela de utilizar o método com o qual eles interpretavam as Escrituras para interpretar a liturgia. [...] As Escrituras são, sem dúvida, norma da liturgia. Nesta estreita vinculação entre Escrituras e liturgia está todo o entendimento espiritual que os Padres intuíram e concretizaram através da mistagogia.[34]

---

32 SANCHEZ apud CELAM, 2007, p. 443.

33 CHUPUNGCO, 2008, p. 164.

34 BOSELLI, 2014, p. 15-16.

Exemplificando mais uma vez esta prática, Cirilo de Jerusalém explica a unção batismal como realização definitiva das unções narradas pelo Antigo Testamento:

> É necessário que saibais que há ó símbolo desta unção na Escritura Antiga. E na verdade, quando Moisés comunicou ao irmão a ordem de Deus e o estabeleceu sumo sacerdote, depois de lavar-se com água, o ungiu e foi ele chamado Cristo, em virtude, evidentemente, da unção figurativa. Do mesmo modo, o sumo sacerdote, ao elevar Salomão à dignidade de rei, o ungiu, depois de lavar-se no Gion. Mas essas coisas lhes aconteceram em figura. A vós, porém, não em figura, mas em verdade.[35]

A mistagogia feita pelos Padres ainda partia das celebrações litúrgicas. Não estavam preocupados em dar explicações de forma sistemática. Giraudo faz um convite a imaginar, por exemplo, Ambrósio de Milão (†397) falando do tratado sobre a Eucaristia:

> O mestre não se põe no centro da cena, mas do lado: no centro está o altar, já que estamos na igreja. Mistagogo e neófito comportam-se como se tivessem, à maneira dos camaleões, o controle independente dos olhos. Com um olho, ou seja, com o olhar material, mestre e discípulos se

Veja como exemplo parte de uma catequese mistagógica de Cirilo de Jerusalém, ao falar do despojamento dos vestidos, e observe os elementos utilizados na metodologia dos Padres da Igreja:

- Valorização dos símbolos na liturgia.
- Interpretação dos ritos à luz da Escritura na perspectiva da História da Salvação.
- Abertura ao compromisso cristão e eclesial.

> Logo que entrastes, despistes a túnica. E isto era imagem do despojamento do velho homem com suas obras. Despidos, estáveis nus, imitando também nisso a Cristo nu sobre a cruz. Por sua nudez despojou os principados e as potestades e no lenho triunfou corajosamente sobre eles. As forças inimigas habitavam em vossos membros. Agora já não vos é permitido trazer aquela velha túnica, digo, não esta túnica visível, mas o homem velho corrompido pelas concupiscências falazes. Oxalá a alma, uma vez despojada dele, jamais torne a vesti-la, mas possa dizer com a esposa de Cristo, no Cântico dos Cânticos: 'Tirei minha túnica, como irei revesti-la?'. Ó maravilha, estáveis nus à vista de todos e não vos envergonhastes. Em verdade éreis imagem do primeiro homem Adão, que no paraíso andava nu e não se envergonhava.[36]

---

35 CIRILO DE JERUSALÉM, 2004, p. 40.

36 Ibid., p. 32.

olham: o mistagogo olha com amor para os neófitos e os neófitos olham com confiança para o mestre. Mas com o outro olho, o olho teológico, mestre e discípulos olham para o altar, que não perdem de vista um só instante. O altar é o verdadeiro mestre![37]

O esquema a seguir ajuda a compreender a prática dos Santos Padres, que reuniam os neófitos na igreja e, a partir da ação ritual, explicavam todo mistério celebrado.

Para os Padres da Igreja, a mistagogia é um ensinamento responsável por fazer os neófitos compreenderem o que significam os sacramentos para a vida. Este ensinamento supõe a iluminação da fé que brota da celebração dos próprios sacramentos: "o que se aprende na celebração ritual dos sacramentos e o que se aprende vivendo de acordo com o que os sacramentos significam para a vida"[38].

É um ensinamento que parte da prática, da vivência. Impossível reduzir a relação da pessoa de fé com o mistério de Deus e do Reino, revelado por Jesus, a conceitos racionais, dogmas, códigos morais ou, ainda, a uma mera explicação. É necessário ser iniciado no conheci-

---
37 GIRAUDO, 2003, p. 8-9.
38 SANCHEZ apud CELAM, 2007, p. 443.

mento do mistério, na comunhão com Deus, não somente com palavras, mas principalmente através de uma experiência eclesial e ritual do mistério de Cristo que leve o fiel a uma vida de fé, centrada na pessoa d'Ele[39]. Assim os Padres da Igreja, partindo de cada rito e símbolo, explicitavam a mistagogia própria da ação litúrgica, mostrando como a ritualidade incorporada de seus símbolos conduz os fiéis para dentro do mistério celebrado.

> O rito é para a liturgia aquilo que a letra é para a Escritura. Por isso a liturgia, como as Escrituras, exige uma compreensão espiritual, uma penetração em profundidade. Quanto mais lemos os textos mistagógicos, mais nos damos conta de como a mistagogia não era para os Padres uma simples iniciação à liturgia, antes, a partir da liturgia, uma compreensão do mistério, do único mistério contido nas Escrituras e celebrado na liturgia: o mistério de Cristo.[40]

Atualmente, o termo mistagogia pode ser usado e compreendido sob duas óticas. Primeira, como realização de uma ação sagrada, em especial nos sacramentos da Iniciação Cristã. Sobre isso, convém considerar que apontar a mistagogia como sendo, em primeiro lugar, "a ação litúrgica enquanto tal significa atestar que a liturgia é, em si mesma, mistagogia, ou seja, é *de per si* capaz de ser epifania do mistério, de modo que a liturgia inicia ao mistério, celebrando-o"[41]. A segunda ótica implica a mistagogia ser usada "para designar a instrução catequética sobre o significado dos sacramentos, especialmente a Iniciação Cristã, e seus ritos litúrgicos"[42], ou ainda considerá-la "a explicação oral ou escrita do mistério escondido na Escritura e celebrado na liturgia"[43].

Ione Buyst diz haver ainda duas palavras relacionadas ao termo mistagogia na atualidade: a primeira seria o "mistagogo" ou "mistagoga",

---

39 BUYST, 2011, p. 116.

40 BOSELLI, 2014, p. 24.

41 Ibid., p. 15.

42 CHUPUNGCO, 2014, p. 154.

43 BORNERT apud BOSELLI, 2014, p. 15.

que se refere à pessoa que realiza a mistagogia, que inicia e conduz ao conhecimento do mistério; a segunda seria "mistagógico" ou "mistagógica", adjetivos derivados de mistagogia[44]. Pode-se dizer, assim, que a mistagogia é a arte de conduzir os fiéis para dentro do mistério celebrado, revelado através de cada rito, gesto e símbolo. Trata-se de partir da própria celebração, dando os códigos e as chaves para que os catecúmenos, neófitos, fiéis possam descobrir e desvendar, pouco a pouco, o mistério que ali se celebra. O mistério da fé! Nesta dinâmica, quem conduz se torna o mistagogo. Nesse sentido, Bento XVI, na Exortação Apostólica Pós-Sinodal sobre a Eucaristia, diz:

> O Sínodo dos Bispos recomendou que se fomentasse, nos fiéis, profunda concordância das disposições interiores com os gestos e palavras; se ela faltasse, as nossas celebrações, por muito animadas que fossem, arriscar-se-iam a cair no ritualismo. Assim, é preciso promover uma educação da fé eucarística que predisponha os fiéis a viverem pessoalmente o que se celebra. Vista a importância essencial desta participação pessoal e consciente, quais poderiam ser os instrumentos de formação mais adequados? Para isso, os Padres sinodais indicaram unanimemente a estrada duma catequese de carácter mistagógico, que leve os fiéis a penetrarem cada vez mais nos mistérios que são celebrados.[45]

A mistagogia é, então, "o método e o instrumento que a Igreja antiga nos entrega para fazer com que os fiéis vivam daquilo que celebram. Aquilo que a *lectio divina* é para as Escrituras, a mistagogia o é para a liturgia"[46]. Pois, "quando a Igreja faz mistagogia, torna-se serva de Cristo mistagogo e dá ao cristão a capacidade de se tornar um *epópetes*, uma testemunha ocular do mistério de Deus"[47]. Deste modo, "a Igreja colocará os fiéis na condição de poderem viver da liturgia, na medida em que souber ensinar-lhes um método para a compreensão da liturgia que

---

44 BUYST, 2011, p. 115.
45 BENTO XVI, 2014, n. 64.
46 BOSELLI, 2014, p. 11-12.
47 Ibid., p. 28.

celebram"[48]. Por isso faz-se urgente redescobrir o método mistagógico dos Padres, não para ser aplicado tal e qual, mas para servir de inspiração e modelo à formação cristã atual, "um tipo de *lectio* da liturgia, que permita aos cristãos conhecerem os significados dos textos e dos gestos litúrgicos, a fim de interiorizarem o mistério que celebram"[49].

Diante do que vimos, já podemos afirmar que o catecumenato da Igreja primitiva era uma profunda ligação entre catequese e liturgia, era uma catequese litúrgica, onde a iniciação se dava pela liturgia. Ao término do itinerário catecumenal, os neófitos alcançavam condições de compreender o sentido teológico por trás dos ritos e símbolos, pois são estes que nos possibilitam tocar o mistério, o transcendente. Os ritos e símbolos são a nossa identidade, e talvez por não os compreender e os conhecer, hoje, vivemos uma crise na liturgia.

---

48 BOSELLI, 2014, p. 10.
49 Ibid., p. 10.

1.5 O FIM DO CATECUMENATO E O QUE HERDAMOS

A experiência catecumenal se difundiu por todas as Igrejas cristãs durante o século III e a primeira metade do século IV. Na segunda metade do século IV, passa por significativas transformações, mas permanece vital durante todo o século V. Após esse período, entra em lenta decadência até desaparecer completamente entre os séculos VII e VIII. Vários acontecimentos históricos contribuíram para isso.

O Edito de Milão (*A paz de Constantino*), em 313, reconhecia a religião cristã como lícita e dotada de plena liberdade de culto. Posteriormente, em 380, reconhecida como religião oficial do Estado, é compreendido como um dos principais motivos, anos mais tarde, da decadência do catecumenato. Antes era claro que, diante de um cenário de perseguição e martírio, abraçavam a fé cristã somente os que fizeram uma experiência mística de Cristo e estavam convictos de sua fé. Porém, com o imperador romano se tornando cristão, abre-se campo à adesão da fé por "interesse" e, curiosamente, verifica-se um aumento das heresias.

> Quando o cristianismo começou a ser religião aceita e, posteriormente, tornada religião oficial do Império (Constantino e Teodósio), o catecumenato foi reduzido à Quaresma até desaparecer e ser substituído pelo Batismo de massa. Ser cristão começa a ser situação comum e abre-se a possibilidade do batismo ministrado preponderantemente às crianças. No século VI desaparece o catecumenato propriamente dito; catequese e liturgia se distanciam e a catequese vai se dirigindo às crianças. Era natural também que, numa sociedade nominalmente cristã, a 'iniciação' fosse feita por imersão no próprio ambiente cultural. Iniciava-se o longo período do catecumenato social no contexto da cristandade.[50]

---

50 Estudos da CNBB 97, n. 17, p. 23.

Vale frisar que, com o catecumenato da Igreja primitiva, os candidatos eram examinados e purificados de quaisquer dúvidas ou contradições em relação ao que iriam assumir. Com o aumento de candidatos causado pela conversão do imperador, visto que muitos se tornavam cristãos por status social, o processo catecumenal começou a ser reduzido e isso fez com que boa parte dos novos batizados começassem a questionar a fé. Naturalmente, nesse contexto, o aumento das heresias era inevitável, bem como o seu combate.

Para defender a fé, o que antes era vivido e experimentado passou a ser racionalizado e formatado em grandes súmulas teológicas. Termos filosóficos eram adotados e conceitos teológicos criados — efeito, substância, matéria, transubstanciação... eram explicações sistemáticas sem referência ao culto litúrgico.

Podemos comparar ambas as práticas da Igreja: uma no primeiro milênio, com as catequeses mistagógicas, e a outra no segundo milênio, com a sistematização da fé. Se fizéssemos a mesma pergunta a Ambrósio de Milão, no primeiro milênio, e a Pedro Lombardo, um dos maiores teólogos do segundo milênio, as respostas seriam bem diferentes. Vejamos o que diriam à pergunta: o que é a Eucaristia?

No primeiro milênio, Ambrosio de Milão (séc. IV)	No segundo milênio, Pedro Lombardo (séc. XII)
Desejas saber com que palavras se consagra? Ouve quais são essas palavras! Diz o sacerdote: 'Dignai-vos, ó Pai, a aceitar e santificar estas oferendas... Pois na noite em que ia ser entregue, tomou o pão... Tomou o cálice... Fazei isto em meu memorial... Celebrando, pois, a memória... Nós vos suplicamos que... ao participarmos deste altar, recebendo o Corpo e o Sangue de vosso Filho, sejamos repletos de todas as graças e bênçãos do céu'.	Existência da Eucaristia: • A Eucaristia é sacramento? • Qual é sua essência? • Quais seus efeitos? • Quem é o ministro deste sacramento? • Qual o sujeito? Perguntas teóricas sem referência à celebração.

A mudança metodológica é radical...

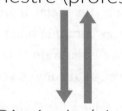

Primeiro milênio	Segundo milênio
Mistagogo (bispo) ⇅ ↗ Altar ↗ Discípulo (neófito)	Mestre (professor) ⇅ Discípulo (aluno)
Primeiro rezavam, depois criavam; rezavam para poder crer; rezavam para saber como e no que deviam crer.	*Primeiro estudavam, depois rezavam; rezavam conforme o que estudaram; rezavam como estudaram.*

Assim, ao longo dos anos, o processo catecumenal da Igreja primitiva se distanciou cada vez mais. Na Idade Média, a cristandade assume a catequese infantil, acentuando fortemente a dimensão doutrinal. A primeira adesão a Jesus Cristo era papel dos pais e da própria sociedade, pois se supunha que o contexto social, no qual todos se diziam cristãos, levasse-os à prática religiosa[51]. Culturalmente disseminada, essa religião "foi campo fértil para devocionismos variados que, na verdade, não formavam propriamente discípulos missionários de Jesus Cristo, mas apesar disso mantiveram a fé do povo"[52]. Na colonização de nosso país especificamente, apesar de todo o esforço de enculturação dos missionários, promoveu-se mais uma "sacramentalização", sobretudo das chamadas "desobrigas", do que de fato uma consistente Iniciação à Vida Cristã[53].

As consequências para a liturgia foram enormes. Houve um distanciamento entre aquele que preside e a assembleia, uma ruptura e que-

---

51 LELO, 2005, p. 11.
52 Estudos da CNBB 97, n. 19, p. 24.
53 Ibid.

bra no espaço celebrativo com o surgimento do presbitério cujos degraus afastavam o povo e o obrigavam a ser mero espectador. A centralidade do Mistério Pascal cede lugar à devoção ao Santíssimo Sacramento, onde a maior festa deixa de ser a Páscoa, assumindo seu lugar a festa de Corpus Christi. A principal fonte de espiritualidade já não é o mistério celebrado, a liturgia, mas a devoção ao Santíssimo. Ainda, os sacramentos não são mais reconhecidos como a celebração da vida em Cristo, e sim como remédios; a Palavra de Deus é tirada da mão do povo, perdendo sua centralidade, restando-lhe a história da vida dos santos. A Eucaristia perde seu caráter comunitário e o individualismo religioso se instala definitivamente. A simplicidade da liturgia romana transforma-se numa complexidade cerimonial, recheada de alegorias e ritos exteriores.

É nesse contexto que o saudoso São João XXIII, abrindo as janelas do Vaticano, convoca o Concílio Vaticano II. Este que, há tempos, vinha sendo gestado por diversos movimentos (litúrgico, bíblico...) que refletiam sobre a necessidade de se voltar às origens, abandonando todo adereço e restaurando a essência da fé, a centralidade do Mistério Pascal.

Porém, há pouco mais de cinquenta anos do Concílio Vaticano II, ainda temos muito a caminhar. Penamos com uma herança de mais de mil anos, onde a grande maioria de nós, cristãos, foi evangelizada pela devoção e catequizada pela piedade popular. Não descobrimos a Eucaristia em sua plenitude, que ainda está coberta pelo devocionismo... Este se revela pela necessidade de visitar a capela do Santíssimo e de colocar a mão no ostensório, após ter comungado do corpo e sangue do Senhor.

O Concílio Vaticano II foi, sem dúvida, o evento eclesial mais importante do século XX. Apesar de não ter dito muito explicitamente sobre o tema catequese e iniciação, seu impacto real foi determinante e profundo para a reflexão e a prática realizada até então. Atento à *mudança de época*[54] e sensível aos novos desafios, o Concílio Ecumênico

---

54 cf. DAp, n. 44, 51, 52 e 480.

Vaticano II pediu uma mudança radical na vida da Igreja, propôs a volta às fontes do cristianismo e decretou que fosse restaurado o catecumenato dos adultos, dividido em várias etapas. Assim, em 1972, a Sagrada Congregação para o Culto Divino elaborou o Ritual de Iniciação à Vida Cristã dos Adultos (RICA)[55]. Em sintonia com o Concílio, o Diretório Nacional de Catequese e o Documento de Aparecida tratam da Iniciação Cristã com base no modelo do catecumenato da Igreja primitiva, priorizando a catequese com adultos[56].

Com o Documento 107, "Iniciação à Vida Cristã: itinerário para formar discípulos missionários", a Igreja do Brasil dá mais um passo ao convocar a reflexão sobre nossa prática catequética e indicar a necessidade de uma conversão pastoral, de retorno às fontes, de fazer da Igreja uma verdadeira casa da Iniciação Cristã.

---

55 Sagrada Congregação para o Culto Divino, Decreto n. 15/1972 apud RICA, 2001, p. 8.
56 cf. DNC, n. 14f, 35, 37, 46 e 184; DAp, n. 170 e 286-294.

CONCLUINDO

Ao longo da história, a Igreja se distanciou da prática catecumenal dos primeiros séculos, o que acarretou a perda de seu itinerário iniciático. Com isso, faz-se necessário redescobrir o que é um processo de iniciação, quais os elementos que o compõem e como se dá o seu mecanismo transformador nos diversos níveis, sobretudo o antropológico.

Recorrer a alguns grupos, como a maçonaria e o candomblé, sem dúvida poderá elucidar e ajudar na compreensão do que é a iniciação. Conscientes disso, poderemos olhar nossa história e redescobrir o catecumenato da Igreja primitiva como um modelo inspirador que deve ser valorizado e reconhecido.

Em seguida, conscientes de que muitos de nós não fomos iniciados na fé, não recebemos as chaves e os códigos necessários para a compreensão do mistério celebrado, revelado pelos seus ritos e símbolos, se faz necessário compreendê-los. Para isso, propomos a seguir um estudo sobre a comunicação simbólico-ritual e uma reflexão sobre o papel e o lugar da liturgia no itinerário da Iniciação Cristã.

Capítulo 2

Ritos e símbolos na dinâmica iniciática

Os ritos e símbolos estão presentes em todas as sociedades, culturas e religiões. Conceituar e compreender o que são rito e símbolo, como funcionam e como o ser humano se relaciona com eles é o primeiro passo para o entendimento da dinâmica e lógica simbólico-ritual da liturgia cristã, e consequentemente do seu papel na Iniciação Cristã. Um breve estudo dos ritos e símbolos revelará que não basta apenas uma transmissão oral da fé; é preciso ir além da fala e fazer com que a fé seja experimentada pelos sentidos, celebrada através dos ritos e símbolos. A ação litúrgica, enquanto rito, supõe regras ligadas à Tradição, e entender seus códigos é essencial para visualizar o mistério celebrado.

2.1 O RITO: CONCEITO E DEFINIÇÕES

Conceituar e definir o rito não são tarefas fáceis. Existe um labirinto de compreensões nos mais diversos campos da Antropologia, Teologia, Fenomenologia, Sociologia, Psicologia, e ainda nos campos linguístico, etológico e biológico. De modo interdisciplinar, nos vários desdobramentos e nas dificuldades de conceituar e definir o rito, devemos tentar uma abordagem progressiva, começando pela etimologia da palavra, como sugere Aldo Natale Terrin, professor de Antropologia e História das Religiões:

> ...rito vem do latim ritus, que indica ordem estabelecida e, mais atrás, liga-se ao grego artýs, com o significado também de 'prescrição, decreto'. Mas a verdadeira raiz antiga e original parece ser a de ar (modo de ser, disposição organizada e harmônica das partes no todo), da qual derivam a palavra sânscrita rta e a iraniana arta, e, em nossas línguas, os termos 'arte', 'rito', 'ritual', família de conceitos intimamente ligados à ideia de harmonia restauradora e à ideia de 'terapia' como substantivo ritual.[57]

---

57 TERRIN, 2004, p. 18.

Terrin lembra ainda que, de acordo com outros autores:

> ...rito poderia ter, em sua base, a raiz indo-europeia *ri*, que significa 'escorrer' e, nesse sentido, ligar-se-ia ao significado que têm as palavras 'ritmo', 'rima', 'rio' (*river*), sugerindo, respectivamente, o fluir ordenado de palavras, da música e da água.[58]

O quadro a seguir ajudará a visualizar melhor as várias origens da palavra "rito" descritas por Terrin.

Na observação das diversas raízes que dão origem a essa palavra, pode-se afirmar que rito é a ordem estabelecida ou prescrita por um grupo, trazendo harmonia e ritmo, fazendo com que a ação flua ordenadamente. "O rito coloca ordem; classifica; estabelece as prioridades; dá sentido do que é importante e do que é secundário"[59], permitindo ao homem viver num mundo organizado e não caótico que, do contrário, seria apresentado a nós como hostil, violento[60].

---

58 TERRIN, 2004, p. 18.
59 Ibid., p. 19.
60 Ibid.

De modo mais amplo, pode-se entender por rito uma sucessão de palavras, gestos e atos que, repetidos, compõem uma cerimônia (religiosa, na maior parte das vezes), ou seja, um conjunto de atividades organizadas, no qual as pessoas se expressam por meio de gestos, símbolos e linguagem, transmitindo um sentido coerente ao ritual. O caráter comunicativo do rito é de extrema importância, pois não é qualquer atividade padronizada que o constitui.

O rito e, por extensão, o ritual, no campo antropológico, são uma série de práticas sociais, coletivas ou individuais, de linguagem comum e de comportamento social repetitivo. Os ritos são explicitações fundamentais da socialidade do homem e, portanto, assinalam e sublinham toda a manifestação dessa sociedade[61]. Neste sentido é possível citar uma série de exemplos, desde os baseados na projeção psicológica, como o do bode expiatório, até os da atividade lúdica[62].

Rivière, ao escrever sobre os ritos presentes na vida social e política, chamando-os de "ritos profanos" ou de "rituais à margem do sagrado", propõe uma definição ampla, diante dos vários conceitos e das dificuldades de uma definição precisa:

> Os ritos devem ser sempre considerados como conjunto de condutas individuais ou coletivas, relativamente codificadas, com um suporte corporal (verbal, gestual ou de postura), com caráter mais ou menos repetitivo e forte carga simbólica para seus atores e, habitualmente, para suas testemunhas, baseadas em uma adesão mental, eventualmente não conscientizada, a valores relativos a escolhas sociais julgadas importantes e cuja eficácia esperada não depende de uma lógica puramente empírica que se esgotaria na instrumentalidade técnica do elo causa-efeito.[63]

---

61 MAGGIANI apud SARTORE; TRIACCA (Orgs.), 1992, p. 1022.

62 Ibid.

63 RIVIÈRE, 1997, p. 30.

Convém ainda apontar para a diferença entre rito, ritual, ritualidade e ritualismo, tendo em vista o significado e sentido destas palavras no presente livro, bem como o fato de serem confundidos como sinônimos frequentemente. O termo "rito" faz referência a um conjunto de ações realizadas em um determinado tempo e espaço, diferente das ações da vida e do comportamento cotidiano, praticadas no seio de uma religião ou de uma cultura e reconhecidas como tais[64]. Fenomenologicamente falando, o rito é uma ação sagrada repetitiva, composta de ato e palavra em que se "manisfesta um agir 'holístico' que não é do tipo instrumental e não pretende induzir uma causação normal entre meios e fins"[65].

"Ritual", por sua vez, é um "conjunto de ritos, geralmente descritos nos livros, chamados de rituais"[66]. Ainda, é o "texto exemplar para a execução dos ritos e das liturgias"[67]. "Ritualidade" é a ação do ser humano que envolve todas as suas dimensões ao realizar o rito; trata-se de um agir "holístico" (corporeidade, afetividade, inteligência, espiritualidade)[68]. Por "ritualismo" entende-se o "rito reduzido ao formalismo, à exterioridade, sem dimensão simbólica, sem suficiente atenção ao sentido que expressa e sem envolvimento afetivo"[69].

Analisando aspectos da história, percebe-se que os ritos estão presentes no cotidiano de toda a humanidade, até mesmo nos momentos menos religiosos. Voltando o olhar para as grandes religiões, o rito pode significar, mais precisamente, um conjunto de fórmulas que caracterizam certa tradição. Mais especificamente no cristianismo, veem-se presentes de maneira muito densa os ritos e os rituais,

---

64 TERRIN, 2004, p. 19-20.
65 Ibid., p. 28.
66 BUYST, 2011, p. 51.
67 TERRIN, op. cit., p. 20.
68 BUYST, op. cit., loc. cit.
69 Ibid.

construídos ao longo do tempo, baseados na vivência e nos costumes de cada realidade social e cultural. No catolicismo, os ritos estão presentes principalmente nas celebrações dos sacramentos e dos sacramentais. É uma maneira comum de a comunidade expressar e comunicar a sua fé no Cristo Ressuscitado, marcando assim toda a trajetória terrena do fiel nas diferentes fases de sua vida.

Houve ou há uma grande tendência de ridicularizar ou abandonar os ritos, seguindo os estímulos racionalistas da sociedade. Mas, à medida que observamos alguns abandonos das práticas rituais, principalmente a religiosa, veem-se quase simultaneamente surgirem outras práticas próprias de determinadas áreas culturais, como as dos adolescentes e jovens. Os ritos e sua complexa presença na vida dos homens devem ser considerados de ordem fundamental, pois marcam e preservam a identidade de um povo, servindo como seu guia. Nesse sentido, é absurdo pensar que possa existir uma religião totalmente sem regras, sem liturgia, sem sinais e símbolos. É importante entender e compreender a lógica do rito e qual a sua dinâmica, em vista da ritualidade.

2.2 A DINÂMICA RITUAL

A dinâmica ritual pode ser entendida como um jogo. Pensemos em um grupo de crianças ou adolescentes se divertindo na rua com suas brincadeiras. Cada um teve uma criação diferente, expressa o seu jeito de ser e de pensar. Mas, durante o jogo, todos se divertem, entendem-se e se comunicam às vezes por um olhar. Quando todos conhecem as regras e a sequência da brincadeira, não é preciso explicar o que acontece, pois já sabem; compreendem como o jogo funciona. Assim podemos dizer que funciona a dinâmica ritual. É um jogo, com regras e sequências que todos devem conhecer para bem participar.

O rito com fundo religioso nasce essencialmente como jogo. Em outras palavras, o rito em chave religiosa expressa-se essencialmente no nível lúdico[70]. O rito, como o jogo, necessita de lugares predispostos e predeterminados, como as igrejas e capelas, ou ainda de parques, campos ou casas devidamente organizadas e preparadas "provisoriamente" para o momento a ser vivido.

> Trata-se de lugares [...] que servem para uma separação e um isolamento do cotidiano e da atividade normal, para dar possibilidade de a pessoa mergulhar num outro mundo, num outro contexto, para criar, por assim dizer, um 'mundo possível' além daquele com que nos defrontamos na rotina diária.[71]

Além do espaço, é necessária uma precisa colocação no tempo, pois o rito não pode durar indefinitivamente. Deve ser um tempo subtraído à normalidade e portanto diferente, porém indiscutivelmente respeitado[72]. O exterior (espaço e tempo) prepara o fiel e o grupo para a ação corporal, que é essencial e central, pois sem ela não há rito. O espírito se expressa no corpo, uma vez que as atitudes psicológicas e espirituais condizem com a nossa postura em sentido pleno.

Assim, é fundamental a consciência da ação ritual que passa pelo corpo, experimentada pelos sentidos (tato, paladar, olfato, visão e audição) e expressada por gestos e posturas. Entende-se que "os cinco sentidos são uma ferramenta de aproximação, de contato com o 'mundo' ao nosso redor, e até mesmo com nosso próprio corpo e com nossa interioridade"[73]. É como se, no rito, "as próprias palavras fossem secundárias; como se, no rito, nada mais existisse que o

---

70 TERRIN, 2004, p. 158.
71 Ibid., p. 174.
72 Ibid.
73 BUYST, 2011, p. 86.

movimento do corpo e a expressividade do gesto, em chave espacial e comunicativa"[74]. A ação ritual, nesse sentido, respeita o ritmo da vida, do corpo que possui um repouso e um ápice.

A dinâmica ritual inserida dentro de um espaço e tempo, executada de maneira lúdica e consciente através da ação corporal. Inicia-se, portanto, de maneira gradativa: parte do repouso e atinge um ápice, até voltar ao repouso e assim seguir sucessivamente.

Para exemplificar, recordemos os ritos iniciais da celebração eucarística: os fiéis aguardam o início sentados. Iniciado o canto de abertura, todos se levantam... O presidente faz a saudação inicial, logo vem o ato penitencial, o hino de louvor... atingindo-se o ápice na oração da coleta. Voltam, então, ao repouso para ouvir atentos a liturgia da Palavra, onde contamos apenas com a 1ª leitura, o salmo responsorial, a 2ª leitura, a aclamação e a proclamação do Evangelho, o auge da ação, depois da qual todos se sentam retornando ao repouso. Vejam que este é um rito que segue o ritmo do nosso corpo. Não conseguimos ficar sentados, tampouco em pé, todo o tempo. O rito apresenta um ritmo que é compatível ao nosso.

Porém imaginem vocês que, após a oração, momento em que nosso corpo está preparado para entrar em repouso, inventemos ali uma procissão da Bíblia. O que aconteceria? Boa parte das pessoas se sentariam, quem preside precisaria convidá-las a ficarem de pé para receber o livro... Percebam que esta entrada não pertence ao rito e, quando realizada, quebra completamente o ritmo. Sem conhecer

---

74 TERRIN, 2004, p. 200.

toda a ação ritual, seu sentido e significado, assim como a sequência de cada coisa, acabamos por quebrá-la e causar ruído na celebração.

Diante disso, quem realiza o rito deve vivê-lo em plenitude, com suas regras, deixando-se simplesmente transportar para outro mundo. O rito não deve ser interpretado a partir de fora nem de dentro, pois constitui uma vivência muito pessoal[75].

Concluindo, pensemos numa orquestra com vários instrumentos; cada instrumentista possui uma partitura. Essa partitura não é a música... Ela se tornará música a partir do momento em que cada instrumento for tocado, respeitando as notas descritas e o seu tempo. Do mesmo modo, os ritos litúrgicos descritos nos livros só se tornarão liturgia à medida que forem executados de maneira consciente, respeitando sua sequência e ritmo. Para isso, como numa orquestra, é preciso muito ensaio, é preciso distribuir com antecedência cada serviço e ministério para que o rito flua de modo ordenado e alcance a mente e o coração de cada fiel que ali celebra. O rito em sua dinâmica é, portanto, a linguagem própria da liturgia, indispensável para expressar e experimentar a fé.

2.3 O SÍMBOLO: CONCEITO E DEFINIÇÕES

A humanidade, além de estar sempre cercada por ritos, também sempre utilizou símbolos para comunicar os seus pensamentos e sentimentos. Para o símbolo, encontra-se uma gama de explicações e definições. Em princípio, Ferreira diz: "símbolo é aquilo que, por um

---

75 TERRIN, 2004, p. 179.

princípio de analogia, representa ou substitui outra coisa"[76]. Símbolo é uma palavra de origem grega, *sym + bolos*, que significa "união das partes, dos opostos"[77]. Em "nível etimológico-semântico primário, indicava uma parte, um fragmento que exigia ser completado por outra parte para formar uma realidade completa e funcional"[78], como aqueles que se separavam e quebravam um anel ou tabuinha para cada um conservar consigo um pedaço em sinal da antiga amizade[79]. "Símbolo é algo juntado, reunido, como sinal de pertença, de reconhecimento"[80].

A palavra símbolo apresenta atualmente muitos usos e significados entre as diversas ciências e os ambientes. Em nossa reflexão, interessa o sentido antropológico atual de que não "se trata de dois pedaços iguais de um mesmo objeto, mas de *um sinal visível que evoca e traz presente uma realidade invisível* (amizade por exemplo)"[81]. O símbolo, portanto, em seu sentido antropológico, é um "conjunto de elementos sensíveis em que os homens, seguindo o dinamismo das imagens, captam significados que transcendem as realidades concretas"[82].

Logo de início, é preciso fazer uma distinção entre sinal e símbolo, pois há nestes termos certa ambiguidade e imprecisão, principalmente no campo religioso (litúrgico).

"Todos os símbolos são sinais, mas nem todos os sinais são símbolos. Os sinais não simbólicos recebem sua significação como que de fora, pela convenção entre os membros de um determinado grupo cultural"[83]. Segundo o Dicionário de Liturgia, é "uma realidade sensível que revela em si mesma uma carência e remete a outra realidade

---

76 FERREIRA, 1986, p. 1586.

77 PASTRO, 2006, p. 13.

78 PARRISSE, 1967, p. 134.

79 BAROFFIO apud SARTORE; TRIACCA (Orgs.), 1992, p. 1042.

80 BUYST, 2001a, p. 29.

81 Ibid., p. 30.

82 BAROFFIO apud SARTORE; TRIACCA (Orgs.), 1992, p. 1043.

83 BUYST, op. cit., p. 31.

ausente ou não presente de igual modo"[84], ou seja, o sinal aponta algo exterior a si mesmo. "Não 'é' o que significa, mas sim o que nos orienta, de modo mais ou menos informativo, para a coisa significada. É uma espécie de 'mensagem' que designa ou representa outra realidade"[85].

Lutz faz uma diferenciação entre "sinais naturais", que são os sinais propriamente ditos, e "sinais convencionais". O primeiro é um indício ou sintoma, como a fumaça que indica haver fogo ou as pegadas na areia que mostram o trajeto de alguém. Já os sinais convencionais, ao contrário, não são uma decorrência da natureza, não correspondem à realidade significada, não fazem parte do ambiente, pois foram colocados e/ou criados arbitrariamente, como os sinais de trânsito: a luz vermelha do semáforo que orienta a parar é resultado de uma convenção atribuída a essa cor — por outra atribuição, o mesmo semáforo, dentro de uma sala ou em ambiente diferente que não as ruas, poderia ter outro significado[86]. O sinal não é o que significa, mas o que orienta, de um modo mais ou menos informativo, para a coisa significada.

Já o símbolo "aplica-se tanto às formas concretas mediante as quais determinada religião se explicita quanto ao modo de conhecer, de intuir e de representar dados próprios da experiência religiosa"[87].

> O símbolo é uma linguagem muito mais carregada de conotações. Não somente nos informa, mas também nos faz entrar já em uma dinâmica própria. Ele 'é' já de alguma maneira a realidade que representa, introduz-nos em uma ordem de coisas a que ele mesmo já pertence. A ação simbólica produz a seu modo uma comunicação, uma aproximação. Tem poder de meditação, não somente prática ou racional, mas de toda a pessoa humana e a realidade com a qual se relaciona.[88]

---

84 SARTORE apud SARTORE; TRIACCA (Orgs.), 1992, p. 1143.

85 ALDAZÁBAL, 2005, p. 17.

86 LUTZ, 1995, p. 14.

87 SARTORE apud SARTORE; TRIACCA (Orgs.), op. cit., loc. cit.

88 D'ANNIBALE apud CELAM, 2007, p. 372.

É característico dos símbolos, por sua própria natureza, corresponderem à realidade significada. Neste sentido, os símbolos não são arbitrários, não podem ser criados ou inventados do nada. É preciso respeitar a cultura e os costumes locais, pois os símbolos estabelecem certa identidade afetiva entre a pessoa e uma realidade profunda que não se chega a alcançar de outra maneira. Pode-se pensar na bandeira ou no hino nacional de um país, ou ainda no gesto simbólico de um casal de noivos que trocam alianças, na demonstração do amor e da fidelidade expressos nesse gesto simples e profundo. Seguramente é uma linguagem que contém mais realidade do que as palavras e do que a própria vida[89].

> Tudo isso tem especial vigência quando nós, cristãos, celebramos nossa liturgia. A imersão na água, quando se faz no contexto batismal, adquire uma densidade significativa muito grande: as palavras, as leituras, as orações, a fé dos presentes conferem ao gesto simbólico não só uma expressividade intencional ou pedagógica, mas também, no próprio fato do gesto sacramental, convergem com eficácia a ação de Cristo, a fé da Igreja e a realidade da incorporação de um novo cristão à vida nova do Espírito.[90]

A raiz do símbolo está no inconsciente de quem celebra e revela uma experiência vivida muito antes do seu significado empregado, por exemplo, na liturgia. A água em si já contém o sentido de morte e vida. Não é algo imposto de fora, racionalmente. A água, na sua essência, é símbolo de morte (afogamento, enchentes...) e de vida (faz germinar a semente, mata a sede...). Os símbolos não são arbitrários, foram escolhidos a partir da experiência da humanidade com eles. Assim, nas celebrações litúrgicas, encontra-se uma grande quantidade de símbolos que põem os fiéis em comunicação com o Mistério da Paixão, Morte e Ressurreição de Cristo.

---

89 D'ANNIBALE apud CELAM, 2007, p. 372.
90 ALDAZÁBAL, 2005, p. 17-18.

Unidos aos símbolos, existem ainda uma gama de ações simbólicas presentes no cotidiano da liturgia, das quais podemos citar: Assembleia (Igreja reunida, presença real do Corpo de Cristo); presidente da celebração (presença de Cristo cabeça de seu Corpo, a Igreja); o ato de se colocar em pé (ação, oração comum); estar sentado (escutar, esperar, meditar); ficar de joelhos (adoração, recolhimento, penitência); o sinal da cruz (invocar a Santíssima Trindade, recordar o Mistério Pascal); bater no peito (conversão, penitência); partir o pão (autodoação); ungir (fortaleza, cura); crismar (unção do Espírito Santo); e tantas outras ações, objetos e elementos naturais e lugares que expressam e comunicam a fé[91].

2.4 OS SÍMBOLOS NA LITURGIA CRISTÃ E SUA DINÂMICA: DO VISÍVEL AO INVISÍVEL

O símbolo[92] mais profundo e último da liturgia cristã é o próprio Cristo, que se tornou ser humano, Verbo encarnado. Nele, a Palavra, a realidade impalpável de Deus como fundamento primeiro do mundo, encarnou-se, de modo que pudéssemos sensivelmente contemplar a sua glória. Essa corporeidade de Deus continua presente na Igreja, na comunidade reunida pelo Espírito e sustentada pelo amor de Cristo. A liturgia por excelência, através dos seus ritos e símbolos, torna-se reveladora de sua presença em nosso meio.

---

91 "Quando algo não mais torna apreensível sua própria realidade, mas 'está falando de outra', completamente diferente, fala-se de *alegoria*; na Idade Média, a alegoria se tornou, em grande medida, o princípio da interpretação de todos os procedimentos litúrgicos, o que levou a um esvaziamento de sua força simbólica autêntica" (BERGER, 2010, p. 384).

92 Símbolo, com "S" maiúsculo, é utilizado pela Igreja também para designar os artigos que exprimem as verdades da fé, chamados de Credo ou Profissão de Fé. O nome Símbolo foi utilizado de modo especial pelos Padres no catecumenato, durante a "*traditio*" (entrega) e sua explicação.

A liturgia é, portanto, uma ação, uma comunicação plena, feita de palavras, com uma linguagem mais intuitiva e afetiva, mais poética e gratuita, bem como de gestos, movimentos, símbolos, ação. A liturgia é assim uma celebração na qual prevalece a linguagem dos símbolos. Em cada símbolo e ação simbólica, pode-se distinguir um gesto corporal, um sentido teológico e um sentimento, um afeto. Porém

> ...nem todos os símbolos e ações simbólicas têm um peso igual. Há gestos considerados fundamentais, porque foram deixados pelo próprio Senhor Jesus, como [...] a ceia e o Batismo; outros também têm peso bastante grande, porque fazem parte da tradição apostólica; outros podem ser criados por cada comunidade.[93]

Assim, todas as celebrações cristãs têm um sentido e significado que vão muito além do momento da celebração. A partir do visível, ritos e símbolos, comunica-se uma realidade invisível escondida em cada gesto, ação, palavra ou elemento. Esse processo e dinâmica são estudados e explicados por vários autores que usam termos diversos, mas com o mesmo sentido e compreensão. Leonardo Boff usa três termos: imanente, transcendente e transparente. Imanente é o que se vê que, a partir da ação ritual e da fé do fiel, se tornará transparente e revelará o transcendente, aquilo que não se vê. Falando especificamente de um símbolo sacramental, citamos a Eucaristia: o pão e o vinho são o que vejo (imanente) e que, na ação ritual, provoca uma reação no indivíduo e evoca uma realidade transcendente, além do que vejo — Corpo e Sangue de Cristo (transcendente), por sua vez, provocam um encontro. Então o imanente se torna transparente e revela o transcendente[94].

O teólogo e biblista José Luiz Gonzaga Prado, ao refletir sobre a "Eucaristia no IV Evangelho", usa as palavras significante e significado. Ele utiliza "significante" para exprimir a ação ritual da última ceia, e "significado" para expressar o que está por trás deste ato de Jesus.

---

93 BUYST, 2001a, p. 34.
94 cf. BOFF, 1975.

Analisando o Evangelho de João, que não traz o relato da instituição da Eucaristia, mas sim a cena do "lava pés", Prado escreve: "Em vez de mandar repetir o rito, manda reproduzir a atitude. Significa que a comunidade joanina dava mais valor ao significado do que ao significante, queria mais fazer valer o compromisso do que repetir o rito". Neste sentido, ambos os termos podem ser usados para expressar a ação simbólico-ritual da liturgia cristã, na qual o "significante", ritos e símbolos, deve revelar o "significado" de cada ação[95].

Ainda, Buyst faz uso de "sinais sensíveis", conceito utilizado pela Teologia dos Sacramentos, em geral da Escolástica, e pela *Sacrosanctum Concilium* ao mencionar sinais que realizam aquilo que significam[96]. Ao analisar os termos, Buyst diz que "sinais" apontam para algum acontecimento, para um lugar ou momento, enquanto "sensíveis" estaria relacionado "com sensibilidade, sensitividade, sensorialidade, corporeidade"[97]; vê-se ainda que por "realizam" entendemos serem sinais que fazem acontecer, são uma ação (*urgia*), e não no sentido da explicação (*logia*); "significam", então, como a obra da salvação realizada ao longo da história, o Mistério Pascal. Assim, "sinais sensíveis" são o que vemos, a ação simbólico-ritual que revela o significado daquela celebração, os sacramentos e sacramentais. Na liturgia, os sinais sensíveis expressam o que celebramos, o Mistério Pascal, o mistério de Cristo, e a genuína natureza da Igreja num movimento humano divino. "Trata-se de uma linguagem performativa, que 'atualiza', faz acontecer aqui e agora; torna presente e possibilita nossa participação no mistério de Cristo, nos eventos históricos da Salvação"[98].

Para Buyst, ainda, liturgia é uma ação ritual, simbólico-sacramental do ser humano em todo o seu ser (inteireza), que se manifesta em dois momentos — quando um complementa o outro. O primeiro é

---

95 PRADO, 2001, p. 19-22.

96 cf. SC, n. 7.

97 BUYST, 2011, p. 52.

98 Ibid.

formado pelos elementos litúrgicos: altar, ambão, ornamentação, manhã/tarde/noite, água, pão, vinho, óleo, fogo, incenso, palavra, silêncio, trevas/luz; e o segundo é formado pela base sensorial e corporal (cinco sentidos — ver, ouvir, sentir, cheirar, saborear...). Essa ação (= rel-ação) entre os elementos litúrgicos e os sentidos forma a ritualidade: entrar, sentar, sorrir, comer, beber, ficar em pé, fazer silêncio... Tudo isso constitui o conjunto dos sinais sensíveis que revelam, através dessa ação, o sentido simbólico-sacramental para a comunidade celebrante: memorial da morte-ressurreição de Jesus Cristo, na sinergia do Espírito Santo (epiclese), estabelecendo uma relação (encontro, aliança, comunhão...) por Cristo, no Espírito Santo com o Pai, entre a comunidade (assembleia de fiéis) e toda a humanidade, o cosmo: invocação (do Nome), anúncio, proclamação, aceitação, adesão, confiança, proclamação, alegria, festa, ação de graças, louvor, súplica, intercessão, oferta, doação, participação, paz, compromisso, que resulta numa vida cristã autêntica, tendo a liturgia como "cume e fonte"[99].

> A liturgia enquanto celebração alimenta e expressa em linguagem ritual a linguagem interior, do coração, sem a qual os ritos perdem sua veracidade. Assim, a ação ritual liga as duas realidades: o acontecimento histórico da salvação da qual é 'semelhança' e nossa 'vida em Cristo', no seguimento Dele, morrendo e ressuscitando com Ele ao longo de nossa vida.[100]

Assim, o símbolo na liturgia "é, antes de tudo, uma realidade sensível que remete a algo diferente de si, mas com o qual está unido mediante uma relação objetiva que eu não projeto nem crio, mas com o qual me encontro"[101]. Sinal sensível (ou realidade sensível) é algo que pode ser percebido pelos sentidos, e nele "aparece uma realidade, um significado escondido, oculto, impossível de ser alcançado por nossa

---

99 SC, n. 10 apud BUYST, 2011, p. 94.

100 BUYST, op. cit., p. 36.

101 MALDONADO apud BOROBIO (Org.), 1990, p. 218.

lógica racional"[102]. O significado escondido, oculto, é a realidade não sensível ou significada. E esse significado, que emerge dessa realidade representada (sinal sensível), "é capaz de desencadear ou gerar em nós uma energia afetiva, uma força vital"[103].

> Graças a essa relação objetiva, o símbolo participa da realidade do simbolizado, está enraizado nela e, de alguma maneira, o torna presente. Não somente o manifesta como o presentifica, aproxima-o. Portanto, os que entram em contato com a realidade do símbolo também entram em contato, em comunhão real, com o simbolizado.[104]

Na liturgia, o Mistério Pascal se revela e nos toca a partir dos sinais sensíveis, das coisas que podemos ver, ouvir, apalpar, cheirar ou saborear. Na Liturgia da Palavra, por exemplo, encontramos vários gestos e sinais sensíveis — o Livro (lecionário, evangeliário...), o ambão, o leitor, as vestes, sentar-se, levantar-se, incensar e beijar o Evangelho... — que nos revelam uma realidade invisível, não sensível ou significada: o mistério de Deus, que do alto céu se comunica, fala com o seu povo num discurso descendente. Revela o mistério de Cristo e a sua presença sacramental na Palavra proclamada, o Verbo "que se fez carne e habitou entre nós"[105].

Para que, de fato, a comunicação litúrgica através da ação simbólico-ritual seja eficaz, Buyst menciona alguns requisitos à prática celebrativa e formativa.

1. A qualidade significativa e comunicativa do sinal, do rito. Não se pode fazer o rito pelo rito, mas buscar sua semelhança com o acontecimento histórico da salvação, e a veracidade dos símbolos e sinais usados, para que toquem os fiéis e provoquem uma mudança, uma conversão permanente.

---

102 BUYST, 2001a, p. 40.
103 Ibid.
104 MALDONADO apud BOROBIO (Org.), 1990, p. 219.
105 Jo 1,14.

2. A necessária semelhança dos ritos litúrgicos exige uma consciência histórica e responsabilidade com o presente e futuro do ser humano, tendo clareza do que é "memória" e "compromisso".

3. É preciso um enraizamento teológico e espiritual da constituição de cada rito e do significado de cada elemento, para que não se tornem um mero momento devocional.

4. É indispensável buscar cada vez mais aprimorar a arte da comunicação litúrgica, que tem seus próprios objetos e sua lógica em comparação à comunicação social. Trata-se de saber articular e deixar o mistério se expressar através das múltiplas linguagens da liturgia.

5. E, por fim, é indispensável uma inculturação que deve ir além não apenas da língua falada, mas também da linguagem gestual-corporal, musical, arquitetônica. É preciso, portanto, falar a linguagem da comunidade celebrante[106].

A liturgia, nesse contexto, com sua linguagem ritual que expressa simbolicamente as ações de Deus realizadas na história, se comunicará de maneira eficaz e revelará o seu sentido e significado preservado e repetido ao longo da história. Isso permitirá "voltar" até estes acontecimentos e deles participar, deixando que transformem nossas vidas.

Porém nessa dinâmica da simbolização há perigos a serem evitados, conforme nos alerta Ione Buyst: a desvalorização do sinal sensível e a supervalorização. A desvalorização do sinal sensível acontece quando a equipe de liturgia, aquele que preside e os demais envolvidos na ação litúrgica pensam que a realidade espiritual é suficiente. Não necessitam dos sinais sensíveis, que são tidos como "simbólicos" no sentido mais redutivo do termo, apenas representativos[107]. Não utilizam a força comunicativa do sinal sensível.

---

106 BUYST, 2011, p. 37-38.
107 Ibid., p. 69.

No Batismo, jogamos algumas gotinhas de água na cabeça do catecúmeno, ungindo-o com o óleo somente com o molhar do dedo, cobrindo-o com a veste branca e apenas posicionando a estola sobre o neófito. Fazemos de conta e, com isso, há um esvaziamento, uma ruptura da comunicação na celebração. Assim se despreza a riqueza de visualizar o sentido teológico do Batismo (morte e vida) no sinal sensível da água, que mata (enchentes, afogamento...) ao mergulhar e gera vida ao imergir. A fonte batismal é revelada como o grande útero da mãe Igreja, esposa de Cristo.

A supervalorização é o segundo perigo a ser evitado. Ela acontece quando o sinal sensível é confundido e tido como o mistério. Entre o sinal sensível e a realidade referente existe uma distância a ser respeitada, e uma ruptura. Na simbolização ambos não são idênticos, porém estão intimamente ligados. Assim, o sinal sensível revela o mistério escondido, mas não é o mistério exatamente. Os sinais sensíveis do Batismo nos fazem participar do Mistério Pascal de Cristo, mas o mistério ultrapassa todos os sinais e gestos batismais. "O pão e o vinho eucarísticos são sacramento do Corpo e Sangue de Cristo; a pessoa do Cristo, porém, ultrapassa estes sinais, porque é Ele mesmo quem nos entrega o pão e o vinho, pela atuação do ministro..."[108]. Depois da narrativa da última ceia, na prece eucarística, a oração nos faz clamar para que Jesus venha – "Vinde, Senhor Jesus!" –, pois a sua presença ainda não é plena; devemos continuar preparando sua vinda.

> Não podemos nos apoderar de Deus, do mistério, do transcendente; estarão sempre além, fora do nosso alcance, embora ao mesmo tempo enraizados em nossa corporeidade. A condição para tocar o mistério é deixar, respeitosamente, que continue como mistério, como transcendente, como Reino, como dom de Deus..., objeto de nosso desejo insaciável, sempre em busca. Quando não respeitamos esse limite, o sacramento deixa de ser símbolo e caímos no sacramentalismo, no concretismo, no fundamentalismo sacramental.[109]

---

108 BUYST, 2011, p. 71.
109 Ibid.

Para evitar os extremos, portanto, é preciso uma verdadeira Iniciação à Vida Cristã que eduque para uma sensibilidade simbólico-ritual, na qual todo o Mistério Pascal de Jesus deve ser revelado progressivamente por meio de uma catequese orante e celebrativa, que encarne os ritos e símbolos como premissas de sua metodologia mistagógica.

2.5 A MEDIAÇÃO SIMBÓLICO-RITUAL NA INICIAÇÃO CRISTÃ

Infelizmente, muito pouco se aproveita dos ritos e símbolos para catequizar, evangelizar e comunicar a fé. Com o passar dos anos, o significado dos símbolos se perdeu no meio da linguagem pagã e laica do comércio e da tecnologia. Prova disso são as datas comemorativas introduzidas na liturgia (dia das mães, dia dos namorados, dia dos pais). As festas religiosas estão perdendo a identidade, como o Natal, que virou anúncio do Papai Noel, e a Páscoa, que se identifica com o coelhinho e os ovos de chocolate. E tantos outros sinais são colocados nas igrejas para refletirmos sobre muitas coisas, menos a essência, que é Deus. Atualmente, quando se apresenta um símbolo dentro da celebração litúrgica, infelizmente é preciso explicá-lo para que não se torne vazio, pois se perdeu a sensibilidade de ver o que está para além da imagem, do objeto.

É preciso urgentemente resgatar ritos e símbolos próprios da fé do cristianismo, os seus significados perante uma assembleia de batizados. Assim, a liturgia cristã se apresenta como um conjunto de ritos e sinais sensíveis dos quais só podemos ter plena compreensão e uma experiência autêntica dentro de um contexto de fé e de pertença à Igreja. É essencial este resgate para a preservação da história e identidade da Igreja de Cristo, pois, como diz Nasser, "se você quiser matar uma pessoa ou um povo, destrua seus símbolos"[110].

> Para que nossas celebrações adquiram toda a sua eficácia como linguagem humano-cristã, teríamos de cuidar mais de toda essa série de elementos simbólicos, muito mais numerosos do que à primeira vista poderia parecer. A liturgia conta com uma série de recursos expressivos que não aproveitamos suficientemente.[111]

Assim, é preciso buscar uma mudança de mentalidade em nosso modo de catequizar, quebrar paradigmas e visualizar novas maneiras no processo de Iniciação à Vida Cristã. Um bom começo seria abandonar a prática tradicional, que incorporou o calendário e formatos da escola secular, e assumir o calendário próprio da Igreja, o ano litúrgico com seus tempos e festas.

A iniciação, partindo dos tempos litúrgicos, de sua espiritualidade, do seu ritmo e dos seus símbolos, deve fazer os catecúmenos perceberem e vivenciarem "o segredo de cada tempo, sua referência ao mistério de Deus, sua relação com o mistério de Jesus Cristo. Afinal, na liturgia, o próprio tempo humano se torna símbolo e nos abre à 'eternidade', à vida que não morre"[112].

Além disso, o espaço de catequese na iniciação deve privilegiar a oração e os momentos celebrativos e de partilha, de modo que não lembre uma escola. Poderão nos ajudar numa nova concepção de espaço catequético as práticas mistagógicas dos Santos Padres, que utilizavam e partiam dos próprios espaços de celebração. O espaço litúrgico pode e deve ser visto como lugar de educação para a fé. A sua organização e disposição pós-Concílio Vaticano II pode ser um modelo inspirador para os locais de catequese[113].

---

110 NASSER, 2003, p. 43.

111 ALDAZÁBAL, 2005, p. 19.

112 BUYST, 2001a, p. 73-74.

113 Para aprofundar a concepção dos espaços litúrgicos pós-Vaticano II, sugerimos

É preciso iniciar crianças, jovens e adultos na ritualidade, nos gestos simbólicos e em sua linguagem, ajudando-os a compreendê--los e a realizá-los, a entrarem em sua dinâmica. É necessário que a catequese possua tempo e espaço adequados em seu itinerário para, a partir do seu sentido humano e bíblico, refletir sobre as ações, ou gestos, ou elementos celebrativos. Fazer com que compreendam em profundidade um símbolo implica favorecer a própria identidade, a comunhão com os valores essenciais.

Tudo isso pode ser concretizado com ações simples, por exemplo: ritualizar o momento da oração inicial, cantando um refrão meditativo enquanto um catequizando entra com uma pequena vela acesa no espaço catequético, ou ainda passar um utensílio com água benta para que tracem o sinal da cruz em seus corpos. São ações que levam em conta a temática do encontro e o tempo litúrgico em curso. Ainda, ao ingressar no Tempo do Advento, confeccionar com os catequizandos uma coroa do Advento e, posteriormente, explorá-la ao explicar o sentido de cada elemento que a compõe, acendendo semanalmente uma das velas no encontro. Na semana que antecede a Quarta-feira de Cinzas e, ao falar do Tempo Quaresmal, levar os ramos verdes e os secos, assim como as cinzas, para que os catequizandos toquem, sintam, vejam, compreendam a frase "lembra-te que és pó, e ao pó hás de voltar"[114].

Não é uma catequese puramente explicativa, racional, do tipo que se realiza em uma aula. É uma catequese que desperta os sentidos, a sensibilidade de ver, de tocar, de se relacionar.

---

as leituras: CNBB. *Orientação para projeto e construção de igrejas e disposição do espaço celebrativo.* Estudos da CNBB 106. Brasília: Ed. CNBB, 2013; JOHNSON, C.; JOHNSON, S. *O espaço litúrgico da celebração:* guia litúrgico prático para a reforma das igrejas no espírito do Concílio Vaticano II. São Paulo: Loyola, 2006; MORAES, F. F. *O espaço do culto à imagem da Igreja.* São Paulo: Loyola, 2009.

114 MR, p. 176.

A Palavra de Deus deve ser o objeto primeiro da catequese, e o texto bíblico, a inspiração para cada encontro catequético. A *lectio divina* (leitura, oração, meditação e contemplação) pode ser um importante aliado nesse processo iniciático.

Por fim, muito poderá nos ajudar a metodologia do Laboratório Litúrgico, criado por um pequeno grupo de liturgistas a partir da constatação de que, em liturgia, só se aprende fazendo. Construído com base nas experiências do método Montessori, propostas de Lubienska de Lenval, Psicodrama e outros, o Laboratório Litúrgico basicamente apresenta um duplo objetivo: vivenciar a unidade entre o gesto ritual, o sentido teológico-litúrgico e a atividade espiritual — buscando uma participação ativa, plena, frutuosa, profunda e unificada, exterior e interior ao mesmo tempo, pessoal e comunitária —, além de exercitar a criatividade, capturando a melhor expressão de cada rito ou gesto dentro da cultura e do momento histórico da comunidade celebrante[115].

---

115 BUYST, 1998, p. 85.

116 Para conhecer mais o Laboratório Litúrgico e aprofundar sua metodologia, sugerimos a leitura de "Laboratório Litúrgico, pela inteireza do ser na vivência da fé", de autoria

Laboratório Litúrgico

O Laboratório Litúrgico assume elementos de duas fontes básicas: a pedagogia religiosa de Hélène Lubienska de Lenval e os métodos psicodramáticos de Jacob Levy Moreno.

A vivência do Laboratório Litúrgico nasceu da metodologia que parte do rito para a teologia teórica, e não o contrário. Isso porque, quando a pessoa não encontra oportunidade de celebrar, para viver realmente uma celebração ou um determinado rito, explicações teóricas sobre a teologia do rito não são suficientes. Vale recordar que existe uma distância considerável entre celebrar bem e aprender a fazê-lo.

O Laboratório Litúrgico é uma forma de ajudar as pessoas a viverem intensamente uma celebração, ou mesmo pequenos recortes da mesma. Os principais objetivos deste método de ensino são: buscar a unidade entre gesto externo, sentido teológico-litúrgico e atitude interior, além de exercitar uma criatividade que permita alcançar a melhor expressão possível ao se realizar o rito[115].

A utilização deste método na formação de nossas equipes de liturgia, catequistas e no processo da Iniciação Cristã, através da vivência de ritos ou celebrações, ajudará numa participação plena, consciente e frutuosa, levando todos a mergulharem cada vez mais no mistério de nossa liturgia cristã.

A iniciação vai muito além de permitir a alguém começar uma caminhada na vida da Igreja.

> Supõe: ter acolhido a palavra (catequese), ter crido (fé-símbolo) e ter mudado de vida (conversão moral); requer ter participado na oração da comunidade (imposição das mãos, exorcismos, bênçãos...), e ter participado dos ritos da iniciação (batismo de água, ritos pós-batismais, eucaristia); inclui o fato de ter sido introduzido na Disciplina do Arcano (conteúdos, mistérios), e ter aceitado os costumes da vida comunitária. A iniciação é uma totalidade que integra unitariamente diversos elementos em um único processo.[117]

Deve ser uma verdadeira inserção nos segredos e vivências da comunidade de fé, possibilitando uma compreensão profunda das exigências do discipulado a Jesus.

Assim, no processo de Iniciação à Vida Cristã, é fundamental que o catecúmeno ou catequizando se aproxime dos ritos e símbolos que dão identidade a um povo e os leve para fazer memória da fé celebrada. A mediação simbólico-ritual é fundamental para uma verdadeira Iniciação à Vida Cristã e deve estar impregnada em todo o seu processo. Prova disso é o importante resgate do método catecumenal, feito em etapas, e o pedido de publicação do Ritual de Iniciação Cristã de Adultos, emitido pelo Concílio Ecumênico Vaticano II.

---

do educador e liturgista Pe. Luiz Eduardo Pinheiro Baronto (publicado pela Editora Paulinas, 2006). O autor fundamenta toda a metodologia, apresenta exemplos práticos e roteiros de sessões de laboratório litúrgico.

117 BOROBIO; TENA apud BOROBIO (Org.), 1993, p. 132.

2.6 EM BUSCA DE UMA CATEQUESE MISTAGÓGICA

Tudo o que será exposto a seguir busca fazer com que a catequese seja mistagógica, que saia do campo puramente verbal, com explanações doutrinais e morais, para tornar-se uma catequese que fomente a participação ativa, consciente e genuína nas ações litúrgicas. Esse processo é possível ao não simplesmente explicar o sentido das celebrações, mas também formar a mente dos fiéis para a oração, a gratidão, a penitência e reconciliação, o espírito comunitário e o correto sentido da linguagem simbólica, uma vez que tudo isso é necessário para a experiência de uma autêntica vida litúrgica[118]. Porém, antes de aprofundarmos o sentido de uma catequese mistagógica e de sua prática, é preciso esclarecer o uso que fazemos do termo "mistagogia".

Ao falarmos de catequese mistagógica, empregamos o sentido mais amplo do termo como um método, sem nos referir apenas ao "tempo da mistagogia" que era, como já vimos, um aprofundamento na explicação dos ritos litúrgicos dos sacramentos da Iniciação Cristã, vivenciados pelos catecúmenos na Vigília Pascal. Antes da noite da Vigília, os catecúmenos nunca participaram de toda uma celebração eucarística ou da celebração de outros sacramentos. Somente os iniciados e os fiéis podiam conhecer todos os ritos. A Disciplina do Arcano, empregada até então, exigia posteriormente a exposição das catequeses mistagógicas ou pós-batismais.

O RICA preservou a antiga regra da Disciplina do Arcano, recomendando que os catecúmenos sejam despedidos antes do rito eucarístico[119], e manteve o "tempo da mistagogia". Ao adaptarmos o RICA

---

118 CONGREGAÇÃO para o Clero, 1998, n. 85.
119 cf. RICA, n. 96-97, 150-151, 165-166, 172-173 e 179-180.

à catequese da infância e adolescência, por exemplo, e olhando para a realidade da Igreja hoje, é preciso observar que a maioria dos catequizandos já são batizados e boa parte dos não batizados já "assistiu" a uma missa ou esteve presente na celebração de algum outro sacramento (Batismo, Crisma e Matrimônio especialmente), além de muitas destas celebrações estarem na programação das redes de televisão e publicadas nas redes sociais. Assim, a Disciplina do Segredo, de guardar o "mistério", perde todo o sentido.

É preciso, no entanto, recuperar a mistagogia não enquanto um "tempo" simplesmente, mas como um método que deverá perpassar todo o itinerário do processo iniciático e ter sua culminância com o tempo da mistagogia preservado pelo RICA, aludindo de modo mais intenso à experiência anterior dos ritos vividos pelos catequizandos. Na prática, é preciso que os catequistas "elucidem como a Igreja vive sua fé quando celebra a liturgia. A Palavra de Deus, os textos eucológicos (as orações da liturgia dirigidas a Deus), e os diferentes símbolos usados na liturgia oferecem aos catequistas material eminente e verdadeiramente valioso para a instrução"[120]. Lubienska de Lenval, em 1959, ao escrever sobre uma proposta de educação para a ritualidade, reconhece a liturgia como método pedagógico ideal para ser utilizado por um sistema de educação mais integral, pois considera todas as dimensões do ser humano.

> ...método pedagógico no sentido estrito, a liturgia comporta todos os elementos essenciais constituintes de um sistema de educação coerente — um meio favorável ao recolhimento (a Igreja), uma disciplina muscular e sensorial (atividades e gestos) e uma cultura intelectual (leituras bíblicas).[121]

Ao elaborar um itinerário catequético, é necessário propor em alguns encontros uma sensibilização para os ritos e elementos utilizados

---

120 CHUPUNGCO, 2008, p. 151.
121 LUBIENSKA DE LENVAL, 1959, p. 42.

nas ações litúrgicas. Em se tratando de uma catequese voltada a crianças e adolescentes, por exemplo, sugerimos iniciar por lhes apresentar nos encontros, dentro das temáticas refletidas, os elementos que constituem os vários símbolos. O catequista pode começar falando da água como elemento natural que gera vida e morte, por exemplo, ressaltando sua importância para o homem e para a natureza. Dedicar-se, então, a mostrar por que preservá-la como criação de Deus. Posteriormente recorrer à literatura bíblica, indicando que Deus utilizou a água de diversas formas até escolhê-la como principal elemento para visualizar o Batismo. Assim, a água, o óleo, o fogo, a luz, as velas, as cinzas, os ramos, as flores, o pão e o vinho podem ser levados para os encontros de catequese devido ao seu valor simbólico. Também os gestos e uma sensibilização corporal devem ter seu lugar durante os encontros: o estar de pé, o sentar-se, o ajoelhar-se, a inclinação, o beijo, o lavar, a imposição ou o erguer das mãos, o olhar, o sentir, o cheirar, enfim, todos os sentidos devem ser resgatados nos encontros.

Ainda, alguns símbolos litúrgicos "menores" podem ser levados para os encontros de catequese. Pode-se propor aos catequizandos, por exemplo, que confeccionem um círio pascal, explicando-lhes o significado e sentido de cada letra e número, da luz, da cera virgem da abelha... Posteriormente, então, abençoado e aceso na Vigília Pascal, esse tornar-se-á símbolo do Ressuscitado. Da mesma forma, o pão ázimo sovado pelos catequizandos, enchendo suas mãos de farinha próximo à celebração da Primeira Eucaristia, pode dar mais sentido ao rito da comunhão.

E por fim, para que as catequeses mistagógicas se tornem uma realidade e introduzam os catequizandos no mistério da fé celebrado, recorramos ao autor Boselli que, referindo-se ao livro do Êxodo, explica a mistagogia da ação litúrgica:

Quando tiverdes entrado na terra que Iahweh vos dará, como Ele disse, observareis este rito. Quando vossos filhos vos perguntarem: 'Que rito é este?', respondereis: 'É o sacrifício da Páscoa para Iahweh, que passou adiante das casas dos israelitas no Egito, quando feriu os egípcios, mas livrou as nossas casas.[122]

Durante a páscoa dos judeus, esta é a pergunta que o filho mais novo dirige ao pai que preside a liturgia: "Que rito é este?"[123].

> Esta pergunta é parte integrante do próprio rito. Recordando o significado do rito pascal, o pai preserva o rito do constante perigo de perder a historicidade (sair da história). Esse relato impede que a liturgia se torne magia. Nada, de fato, se opõe à fé hebraico-cristã, quanto à perda da sua historicidade, uma fé nas ações cumpridas por Deus na história. Isto também pode ocorrer quando o rito litúrgico é repetido sem se compreender o seu significado. 'Que significa esse rito?' é a pergunta que também a Igreja antiga ouviu dirigida por parte dos seus filhos mais jovens, os catecúmenos e os neófitos. A resposta são as catequeses mistagógicas dos Padres.[124]

Assim, ao trabalhar os sentidos e significados dos sacramentos da Igreja, propõe-se partir do rito litúrgico de cada um, na lógica bíblica e na tradição dos Padres, para levar os catequizandos a participarem da celebração dos sacramentos e sacramentais. Nas semanas seguintes desta experiência, então, partindo do rito vivenciado, explicar-lhes a simbologia e o significado do que viram. Quão enriquecedor seria se os catequizandos, por exemplo, pudessem com seus catequistas acompanhar o padre na visita a um enfermo ou idoso para, ali, participar da celebração da Unção dos Enfermos. Ao testemunhar a realidade do doente e as limitações da idade, na prática, pode-se entender a necessidade deste sacramento na vida de quem o recebe. E durante os próximos encontros, se o catequista atenciosamente fizer perguntas a

---

122 Ex 12,25-27.
123 BOSELLI, 2014, p. 25.
124 Ibid., p. 21.

respeito da compreensão e interpretação dos catequizandos — Que rito é este? Entenderam o que o padre fez? Como o padre ungiu o doente? Por que lhe impôs as mãos? Qual foi sua oração? —, com certeza a catequese sobre este sacramento se encherá de sentido e o momento vivenciado ficará guardado no coração dos catequizandos.

Ainda, seria interessante que os batizados na infância, caso já não se recordassem de seu Batismo, pudessem, com seus catequistas, participar de uma celebração batismal na comunidade. Depois, nos encontros seguintes, pode-se pedir para trazerem uma foto de seu batizado e convidá-los a imaginar como foi este dia. Depois lhes será perguntado: "Entenderam o que aconteceu nesta ocasião? Quais ritos foram realizados? Por que a água, a veste branca, a unção com o óleo?". Disponibilizar todos estes elementos no encontro para serem sentidos, olhados, cheirados e tocados enriquecerá o momento. Para o sacramento da Ordem, na impossibilidade de uma ordenação próxima, pensemos em quão rico seria selecionar gravações da ordenação diaconal e presbiteral dos padres da paróquia, de modo que eles mesmos possam contar aos catequizandos como foi este dia, o que sentiram...

De maneira gradativa, buscamos uma proposta pedagógica e mistagógica que revalorize os símbolos e ritos, fazendo-os passar pela mente e pelo coração dos fiéis. Assim, mais conscientes, esperamos transformar nossas celebrações em momentos significativos e autênticos de encontro com o Mistério.

2.7 RICA: SINTONIA ENTRE LITURGIA E CATEQUESE

Sem dúvida, o Ritual da Iniciação Cristã de Adultos (RICA) é o maior e melhor modelo de sintonia entre liturgia e catequese. O RICA, solicitado pelo Concílio Ecumênico Vaticano II, ao decretar a restauração do catecumenato dos adultos, foi aprovado pelo Papa Paulo VI, em 1972, e organiza-se em três Etapas e quatro Tempos:

1º Tempo: Pré-catecumenato ou evangelização. Tem por objetivo a adesão a Jesus Cristo. É um período destinado à explicação adequada do Evangelho, de modo que ajude os candidatos a conhecerem e a se integrarem na comunidade cristã, fazendo brotar o desejo de seguirem a Cristo e de pedirem o Batismo.

1ª Etapa: Rito de admissão ao catecumenato. É o momento em que a comunidade acolhe o candidato que manifesta sua intenção de ser batizado, através de uma celebração da Palavra iniciada à porta da igreja.

2º Tempo: Catecumenato. Requer uma catequese mais intensa e organizada em etapas para desenvolver as dimensões doutrinal, moral e litúrgica. Entre os temas próprios refletidos nesse Tempo não pode faltar uma catequese profunda sobre o Símbolo da Fé, a oração, a moral cristã e os sacramentos da Igreja, além das práticas de caridade. O catecumenato pode prolongar-se por vários anos, a fim de garantir uma sincera conversão dos catecúmenos e o amadurecimento da fé.

2ª Etapa: Rito de eleição. Após comprovar que a fé e a vivência foram consideradas suficientemente maduras, admite-se o catecúmeno para o recebimento dos sacramentos de iniciação durante as festas pascais. Essa etapa é marcada pela celebração da eleição ou inscrição do nome, que deve ocorrer no primeiro domingo da Quaresma.

3º Tempo: Purificação ou iluminação. Tem a intenção de promover uma vida de oração mais intensa e um olhar ao interior do catecúmeno, de levá-lo a um exame de consciência, a uma conversão mais profunda, preparando-o para a recepção dos sacramentos da Iniciação Cristã.

3ª Etapa: Celebração dos sacramentos da Iniciação Cristã. Consiste na celebração dos três sacramentos da Iniciação Cristã — Batismo, Confirmação e Eucaristia — durante a Vigília Pascal.

4º Tempo: Mistagogia. Tem por objetivo buscar um conhecimento mais profundo dos mistérios, a partir dos sacramentos celebrados, ou seja, das catequeses mistagógicas.

> O itinerário catecumenal apresentado pelo RICA desenvolve uma adequada articulação entre a proclamação da Palavra (doutrina), a celebração litúrgica (ritos) e o compromisso de vida (caridade), envolvendo liturgia e catequese, ambas ligadas ao processo de transmissão e de crescimento da fé, tão próximos um do outro que, de modo algum, podem ser considerados como realidades distintas.[125]

---

125 PARO, 2017, p. 21.

Esquema do itinerário catecumenal
4 Tempos – 3 Etapas

RICA 37-40

4º TEMPO
Mistagogia
Aprofundamento maior no mistério cristão, no Mistério Pascal, na vida nova e vivência na comunidade cristã

Duração: Tempo Pascal

São chamados de neófitos

RICA 21-26

3º TEMPO
Purificação ou iluminação
Preparação próxima para os sacramentos, escrutínios, entregas, catequese, práticas quaresmais

São celebrados três escrutínios e podem ocorrer as entregas

Duração: Quaresma

Os candidatos são chamados de eleitos, competentes ou iluminados

3ª Etapa: Celebração dos sacramentos da Iniciação Cristã

Ponto alto da Iniciação Cristã

RICA 14-20

2º TEMPO
Catecumenato
Catequese, reflexão e aprofundamento, vivência, conversão, entrosamento com a Igreja

São realizadas celebrações da Palavra, exorcismos menores, bênçãos e podem ocorrer as entregas

Duração: um ou mais anos

Os candidatos são chamados de catecúmenos

2ª Etapa: Preparação para os sacramentos

RICA 7a.9-13

1º TEMPO
Evangelização ou pré-catecumenato
Fazer os primeiros contatos, conversão, encontro pessoal com Jesus, aproximação da comunidade

Duração: ilimitada

Os candidatos são chamados de simpatizantes

Começo da Iniciação Cristã

1ª Etapa: Rito de admissão ao catecumentato

A organização do processo de iniciação das primeiras comunidades, resgatado pelo RICA e proposto em sua dinâmica celebrativa, nos recorda o rito de convivência social, vivido em nosso dia a dia e praticado em nossas relações. Recordemos a campainha de casa tocando. Ao sair para verificar, você constata ser uma pessoa desconhecida, alguém que não faz parte do seu círculo de amizade. Você atende essa pessoa no portão de casa. Depois de alguns minutos de conversa, feitas as devidas apresentações, convida-a para entrar na residência, levando-a para se sentar na sala de estar. Após um período de conversa, oferece um café e a visita se despede para ir embora. Porém, com esse primeiro contato, um vínculo de amizade começou a ser formado. Inúmeros outros encontros acontecerão, conversas, refeições... e, aos poucos, as relações vão se estreitando e uma grande amizade cresce. O tempo e vários encontros foram necessários para o conhecimento, amadurecimento e nascimento da confiança. Quando estabelecido o vínculo, ao receber essa pessoa em casa, as formalidades são reduzidas e a sala de estar dá lugar à cozinha. No rito social, a cozinha é o lugar da intimidade, símbolo da amizade e da confiança gerada e fortalecida pelo convívio.

Essa é a dinâmica do RICA: com a celebração de **admissão**, realizada à porta da igreja, o candidato se apresenta à comunidade, revela suas intenções e passa a ser acolhido. Na sala da assembleia, recebe a Palavra de Deus, as primeiras orientações e, de maneira ainda formal, o vínculo começa a ser estabelecido. Vários encontros e reuniões acontecerão... A amizade e a confiança se fortalecerão, e o convite para fazer parte da família acontecerá com o rito de **eleição**. Com a **celebração dos sacramentos da Iniciação Cristã**, o eleito será convidado à cozinha para se sentar à mesa e, na intimidade da família, tomar a refeição: a **Eucaristia**.

O RICA é um livro litúrgico, porém sua dinâmica celebrativa está condicionada ao contexto da catequese, pois somente assim suas celebrações alcançarão sentido e significado aos candidatos. Apesar de o

RICA não apresentar explicitamente um itinerário catequético, suas celebrações nos iluminam em sua construção. Para exemplificar, tomemos as celebrações de entrega e recitação do Credo e nos perguntemos: Por que o RICA apresenta uma celebração para sua entrega e outra para a recitação? E mais, por que devem ser feitas em momentos distintos?

Se o RICA apresenta uma celebração para a entrega, é porque o Credo, com seus artigos, é importante e fundamental aos catecúmenos. Sua recitação mais adiante, em outra celebração, ocorre por pressupormos que, nesse período, os catecúmenos refletiram sobre seus parágrafos. Assim, conscientes do seu conteúdo, poderão recitá-lo unindo-se à comunidade dos fiéis. Um estudo minucioso e profundo do itinerário celebrativo do RICA será fundamental na construção de um processo de Iniciação Cristã que una liturgia e catequese, em uma perfeita sintonia.

Vale recordar que o RICA é o itinerário dos catecúmenos adultos. Para os demais, é modelo e fonte de inspiração. Não é possível desenvolver todas as celebrações do RICA para crianças e adolescentes em idade de catequese nem para adultos já batizados. Não se deve, por exemplo, fazer o rito de admissão ou de eleição como descritos com quem já é batizado, pois, se o fizéssemos, estaríamos desconsiderando o sacramento recebido. Os batizados já foram admitidos, já são eleitos, já são Igreja, mesmo que ainda não tenham recebido a devida iniciação ou evangelização. Nestes casos, é possível adaptar algumas destas celebrações a partir de seus elementos e ritos. Do rito de admissão, pode-se adaptar o rito de entrega da Bíblia e dá-la aos catequizandos em uma celebração da Palavra de Deus ou, ainda, numa celebração eucarística.

CONCLUINDO

Todo o conteúdo que consta no processo de iniciação proposto pelo RICA tem um sentido e significado muito além do momento da celebração. A partir do visível, ritos e símbolos, comunica-se uma realidade invisível escondida em cada gesto, ação, palavra ou elemento. Esta comunicação é feita de forma gradativa, na qual um rito e símbolo vão "puxando" outro. Porém, para que de fato se tornem um momento de mistagogia, todas as celebrações devem ser bem preparadas e realizadas. Que triste seria um rito de Batismo sem imersão! Ou um momento de entrega da veste sem a vestir! Para existir uma catequese mistagógica é preciso, primeiro, conscientizar e iniciar aqueles que cuidam, preparam e presidem as celebrações dos sacramentos e sacramentais. As celebrações, assim, não serão mero cumprimento de um rito, mas estarão verdadeiramente voltadas ao mistério de Cristo, em que os sinais sensíveis atinjam os envolvidos a partir da corporeidade e revelem o invisível presente.

Só assim a liturgia, com sua linguagem ritual expressa simbolicamente nas ações de Deus realizadas na história, se comunicará de maneira eficaz e revelará o seu sentido e significado preservado e repetido ao longo do tempo, permitindo-nos "voltar" até estes acontecimentos e deles participar para transformarem nossas vidas[126]. Nesse sentido, procura-se propor uma Iniciação Cristã que não apenas eduque para uma sensibilidade simbólico-ritual, e sim prepare os catecúmenos e neófitos para a celebração.

---

126 BUYST, 2011, p. 36.

Diante do que refletimos, apresentamos alguns elementos que caracterizam um itinerário de inspiração catecumenal:

◢ Ao final do processo, deve-se verificar uma mudança no estatuto social e religioso do iniciado. A Iniciação Cristã precisa favorecer a transformação pessoal e o comprometimento com os valores evangélicos e a comunidade eclesial.

◢ Constituído por um conjunto de ritos e ensinamentos orais que revela a perfeita sintonia entre catequese e liturgia: a mistagogia.

◢ Vivenciar e revelar o sentido teológico-litúrgico dos ritos e símbolos, dando-lhes autonomia para sua compreensão.

◢ Oferecer um itinerário único e gradativo para cada realidade, de modo que todos os envolvidos possam ter ciência do conteúdo e de todo o processo.

◢ O RICA seja conhecido e valorizado, tornando-se a sua base ou inspiração.

◢ Considera o calendário da Igreja (ano litúrgico) e os espaços em que acontece.

◢ Pressupõe uma Pastoral de Conjunto, na qual toda a Igreja se torna Casa da Iniciação.

Capítulo 3

Itinerário de inspiração catecumenal

A Igreja do Brasil reflete e fala, há muitos anos, sobre a Iniciação à Vida Cristã e os itinerários de inspiração catecumenal. Porém, devido à prática de uma catequese preocupada com a doutrina, e não com a experiência, que perdura por mais de mil anos, vê uma grande dificuldade em sua compreensão e implementação.

Várias experiências estão surgindo e despontando pelas diversas comunidades espalhadas na imensidão de nosso país, conduzidas por bispos, padres, religiosos e leigos comprometidos com a transmissão da fé. Muitas dessas experiências partilhadas são luzes que ajudam outras comunidades na reflexão e elaboração de seus próprios itinerários.

Portanto, neste capítulo, vamos partilhar a metodologia e a prática de um itinerário de iniciação, a coleção "O Caminho", que nasce da experiência da Diocese de Barretos, interior de São Paulo, e que muito poderá ajudá-los na implementação de um itinerário de inspiração catecumenal. Isto tendo em vista a consolidação de uma Igreja como Casa da Iniciação Cristã.

O itinerário proposto fundamenta-se no RICA, na tradição catecumenal dos Santos Padres, no atual contexto e na realidade em que a Igreja está inserida, considerando também a prática pastoral de catequistas e liturgistas. Abordaremos, nesse sentido, apenas o itinerário proposto para crianças e adolescentes em idade de catequese, batizadas ou não.

3.1 A PROPOSTA DO ITINERÁRIO E O CONTEXTO ONDE SURGIU

A proposta pedagógica e mistagógica que deu origem ao itinerário e, posteriormente, aos subsídios utilizados pelos catequistas é fruto de uma avaliação realizada em uma assembleia, que assumiu como prioridade que a Diocese revisse sua prática catequética e adotasse um modelo de inspiração catecumenal capaz de responder aos desafios da nova evangelização. A partir daí, formou-se uma equipe que começou a pensar e elaborar não só um novo material, mas um projeto de mudança e de construção de uma mentalidade diferenciada sobre como pensar e fazer catequese. Uma catequese mais celebrativa e experiencial em que o catequizando vivenciasse um encontro pessoal com Jesus Cristo, com a oportunidade de amadurecer sua fé e inserir-se no seio da comunidade celebrante.

A realidade revelada pela Assembleia Diocesana, através dos depoimentos dos catequistas delegados de cada paróquia, trouxe à tona dificuldades, angústias e a necessidade de mudanças. Em relação às famílias, por exemplo, foi mencionada a falta de interesse e apoio dos pais ou responsáveis, especialmente quando a maioria não vive um compromisso eclesial. Muitos pais colocam os filhos na catequese ansiando apenas os sacramentos, porém eles próprios não tiveram uma iniciação eficaz. Em relação aos catequizandos, observou-se que a catequese desperta pouco interesse; as crianças estão cheias de atividades e cursos, e a catequese fica em segundo plano. Quando chegam à catequese, nota-se em suas atitudes uma grande influência dos meios de comunicação e a falta de valores cristãos.

Quanto aos catequistas, por sua vez, percebe-se uma preocupante carência para o atendimento das demandas emergentes. São poucos que, diante dos catequizandos, se demonstram conscientes do ministério e do serviço que prestam à Igreja. Talvez essa realidade persista pela falta de investimento em cursos de formação e capacitação. As estruturas e os ambientes também foram refletidos e percebeu-se que, para a catequese, são caóticos em sua maioria. Há pouco investimento na catequese por parte das dioceses, paróquias e comunidades, de modo que as salas para os encontros parecem depósitos algumas vezes. Faltam ambientes que favoreçam a catequese, especialmente no que se refere a bibliotecas para pesquisa e formação dos catequistas; há pouco material didático adequado às realidades das diversas comunidades.

Além disso, percebeu-se a falta de uma Pastoral de Conjunto, onde todas as pastorais e comunidades se sintam responsáveis também pela Iniciação Cristã. Ainda foi nítida a preocupação com a grande massa de batizados e não evangelizados gerados pela Igreja nos últimos tempos; católicos que não sabem "abrir" a Bíblia e, muito menos, interpretá-la. O "divórcio" entre catequese e liturgia pode ser facilmente notado, o que gera frágil conhecimento e pouca vivência do Ano Litúrgico, entre outras consequências. Muitos outros elementos foram levantados pelos catequistas, mas, diante disso, convém dizer que foi eleita como uma das prioridades pastorais a elaboração de um material próprio de catequese, capaz de corresponder à realidade e às necessidades apontadas pela Assembleia.

Assim, uma equipe formada por padres, catequistas, pedagogos e psicólogos começou a pensar e elaborar um projeto que viesse a transformar e mudar toda uma estrutura de como pensar e fazer catequese, buscando uma completa mudança de mentalidade através da prática da tão falada e sonhada "catequese renovada". Viu-se que seria um projeto a longo prazo, pois dependeria de reunir e otimizar condições para produzir os manuais e formar os catequistas, fazendo com que todos (clero, catequistas e famílias) assimilassem a nova proposta.

Optou-se por um projeto gradativo, em que a cada ano seria escrito o manual de uma das Etapas para facilitar a formação e capacitação dos catequistas, favorecendo a implantação metodológica. Portanto, diante da grande transformação prevista, quem já estava na catequese continuou com o método tradicional e as mudanças começaram apenas com as novas turmas. Em um ano, implantou-se a Primeira Etapa; no ano seguinte, a Primeira e Segunda Etapas, e assim sucessivamente até completar o ciclo.

3.2 AS FONTES E OS CAMINHOS QUE ILUMINARAM A PROPOSTA

Muitas foram as fontes e os caminhos que iluminaram o projeto de uma nova proposta catequética. Em primeiro lugar, a orientação dos documentos da Igreja e o processo catecumenal da Igreja primitiva, já mencionados nesta obra. Outras foram as fundamentações: o método da *lectio divina*, com toda a sua metodologia ou passos (leitura, meditação, oração e contemplação); a psicopedagogia das idades, que orienta sobre o crescimento da criança não acontecer em "linha reta", mas envolver períodos com elementos comuns em cada faixa etária (facilitando a elaboração e aplicação dos conteúdos); a aproximação entre catequese e liturgia, pois ambas são funções da única missão evangelizadora e pastoral da Igreja (a catequese como educação e a liturgia como celebração da fé); a adaptação do RICA, objetivando uma catequese mais ritual e celebrativa, introduzindo e valorizando os ritos e símbolos da Igreja (mistagogia); e, por fim, as diversas experiências e propostas que surgiram nas comunidades, paróquias e dioceses envolvidas.

3.3 A PROPOSTA E SEU DESENVOLVIMENTO

Falar de uma proposta de adaptação e aplicação do RICA à catequese implica pensar não só nas celebrações rituais por ele previstas, mas também em um programa de conteúdos e temas a serem trabalhados durante todo o processo. É preciso ter claro que a iniciação é um processo de transmissão da fé, como afirma Taborda:

> Não se chega à fé de um dia para outro. Há todo um processo de maturação, para que ela venha a penetrar as diversas dimensões do ser humano e para que a pessoa, por sua vez, a descubra e a viva em múltiplas feições, pois a fé tem muitas facetas que só se vão encontrando à medida que se vive.[127]

A iniciação, portanto, deve permitir "superar um intelectualismo muito comum na compreensão da fé, pois [...] não é só uma informação sobre determinadas verdades ou costumes, mas assimilação pessoal da verdade e introdução em uma prática"[128]. É preciso então um itinerário catequético que leve à aceitação de uma mensagem, que se introduza nos costumes da comunidade eclesial, que contemple reflexões sobre a doutrina e teologia litúrgica, que faça com que as celebrações propostas pelo RICA não se tornem algo estranho, mas uma complementação e coroação de cada Etapa.

Ao elaborar este itinerário foi preciso estabelecer, primeiro, a faixa etária dos catequizandos para que todo conteúdo fosse pensado de modo a atender sua realidade. Assim, definiu-se que a catequese se iniciaria com crianças de sete anos de idade, ou que estivessem concluindo

---

127 TABORDA, 2001, p. 39.
128 Ibid.

o segundo ano do ensino fundamental, portanto alfabetizadas. Nessa idade, as crianças estão mais dóceis e receptivas aos conteúdos refletidos, sofrendo uma menor carga de influências externas (televisão, internet etc.). Além disso, a catequese conseguirá uma maior aproximação com a família dos catequizandos, pois as crianças nessa faixa etária são mais dependentes de seus pais.

Por se tratar da infância, é preciso destrinchar os conteúdos, trabalhá-los de maneira lúdica e abordá-los diversas vezes sob óticas diferentes. Com esse ideal, correspondendo aos nossos estudos, previmos quatros Etapas (anos) de catequese em preparação à Primeira Eucaristia e três Etapas para o sacramento da Crisma. A primeira motivação para o número de Etapas relaciona-se aos conteúdos mínimos a serem abordados na catequese e atende, sobretudo, à necessidade de fazer com que os catequizandos e suas famílias fortaleçam o vínculo com a comunidade e vivenciem a dinâmica eclesial.

Ainda, a organização das Etapas deseja evitar a fragmentação do processo, agregando as diversas fases da catequese tradicional (Pré--Catequese, Catequese de Eucaristia, Perseverança e Crisma) em um único itinerário com começo, meio e fim, onde uma Etapa pressupõe e favorece a outra numa reflexão gradativa, que permite a todos os envolvidos ter consciência da crescente evolução da primeira à última Etapa. A diferença principal reside no fato de que a comum prática atual da catequese divide os catequistas entre grupos de Pré-Catequese, Catequese de Eucaristia, Perseverança e Crisma, nos quais cada um trabalha com seus conteúdos sem diálogo, de modo desconexo entre si. Nessa prática fragmentada, um grupo não sabe o conteúdo refletido pelo outro, dificuldade superada em nossa nova proposta.

3.4 A MUDANÇA DO CALENDÁRIO DE ATIVIDADES

A Igreja, guiada pelo Espírito Santo, organizou-se no decorrer dos séculos para que os fiéis celebrassem e vivessem da melhor maneira sua fé no Cristo Ressuscitado. Para isso, criou seu próprio calendário chamado Ano Litúrgico, no qual suas celebrações têm um caráter pedagógico e mistagógico. A Igreja forma seus fiéis como discípulos de Cristo (pedagógico) e, concomitantemente, os introduz, de modo consciente, na ativa participação no mistério celebrado (mistagogia). A liturgia oferece sentido ao tempo. Tempo este que, para muitos, pode ser um suceder de dias, horas e minutos (cronológico), mas que para nós, cristãos, é favorável (kairótico): tempo de graça, no qual a Igreja, Corpo Místico de Cristo, faz memória de sua salvação e se encontra com Deus.

Diante disso, buscamos maior contato e vivência dos catequizandos com o calendário próprio da Igreja e a espiritualidade de cada Tempo. Desvinculando a catequese do calendário escolar, propomos que a Catequese de Eucaristia siga o calendário litúrgico, iniciando na primeira semana do Advento e encerrando com a Solenidade de Nosso Senhor Jesus Cristo, Rei do Universo; e que a Catequese Crismal inicie no primeiro domingo da Quaresma, encerrando no Tempo Pascal. Com isso, colocamos em prática o que é pedido pelo RICA sobre o catecumenato:

> A catequese, ministrada pelos sacerdotes, diáconos ou catequistas e outros leigos, distribuída em etapas e integralmente transmitida, relacionada com o ano litúrgico e apoiada nas celebrações da Palavra, leva os catecúmenos não só ao conhecimento dos dogmas e preceitos, como à íntima percepção do mistério da salvação de que desejam participar.[129]

---

129 RICA, n. 19.

Isto ajudará os catequizandos a aprenderem, na prática, a dinâmica pedagógica e mistagógica do Ano Litúrgico. A catequese, durante as férias escolares (Tempo do Advento, por exemplo), ensinará aos catequizandos que não se descansa de Deus e da Igreja. Os encontros catequéticos estarão intimamente ligados ao Ano Litúrgico, sendo indispensável dar grande atenção ao calendário litúrgico em percurso[130].

3.5 A MUDANÇA DO EXTERIOR PARA ATINGIR O INTERIOR

Muito se falou de uma catequese renovada, mas pouco se avançou na prática. A catequese feita de fórmulas decoradas deu lugar a uma catequese escolar, com giz e quadro negro. Não raramente, escuta-se entre os catequistas o dialeto próprio do ambiente escolar: professora, tarefa, prova... Dizemos que o catequista não é professor e a catequese não é escola, mas em muitos lugares, na prática, vemos um ambiente escolar nos espaços de catequese. Como negar essa realidade, se o catequizando enxerga a mesma estrutura e ambiente escolar no espaço catequético? Os catequizandos, principalmente os mais novos, ao chegarem à catequese e se depararem com o mesmo cenário existente na escola, não conseguirão distinguir a diferença entre ambos os lugares. Pensando nestas questões, optamos por uma renovação do ambiente catequético (exterior) para promover uma mudança interior (mentalidade).

---

130 PARO, 2014b, p. 7.

Ao compreendermos a concepção de "espaço" para a arquitetura, entenderemos melhor a importância do "ambiente" para a catequese:

> Para a arquitetura, espaço é um segmento do ambiente concebido para definir uma estrutura física, definir uma área para atividades humanas (habitar, trabalhar, recrear, orar etc.), e para se relacionar com o outro. Esses espaços podem ser constituídos por 'espaço físico' e 'espaço existencial ou humano'. O espaço físico é definido materialmente com dimensões definidas como largura, altura, comprimento, adequadas às atividades humanas. Já o espaço existencial é a imagem que cada usuário faz quando o utiliza, resultado do meio em que vive, tanto psicológico (sensações do usuário, bem-estar), quanto formal (linguagem arquitetônica, estrutura física que informa o tipo de uso e ações suportáveis para aquele espaço) e social (que gera níveis de relações entre os usuários).[131]

Nesta concepção, o espaço físico e sua organização fazem os catequizandos criarem uma imagem a respeito dele que determinará o seu comportamento. Oferecer um espaço distinto do escolar tradicional ajudará o catequizando a se portar de maneira diferente, colaborando para que, logo no primeiro dia, perceba a necessidade de uma postura distinta à que costuma ter na escola ou em outros locais. O modelo das novas salas de catequese por nós sugerido foi inspirado na prática catequética da Catedral de Santa Teresa, em Caxias do Sul, onde estruturaram o espaço em duas mesas: a mesa da Palavra e a mesa da catequese, que optamos por chamar de mesa da partilha. Iluminados pela estrutura e ambiente próprios de nossas celebrações litúrgicas, a mudança nos faz sair do esquema escolar para um ambiente mais celebrativo, buscando uma estreita ligação entre catequese e liturgia em encontros dinâmicos e orantes.

A mesa da Palavra consiste em organizar um ambão ou uma pequena mesa para colocar a Bíblia e fazer a sua leitura, ornamentando-a com

---

131 PARO, 2014a, p. 381-395.

uma vela acesa ao lado e toalhas com a cor do tempo litúrgico em curso[132]. Ao redor dessa mesa,

> pretende-se que a Leitura da Bíblia, na catequese, não seja mero estudo de um livro, mas acolhida da Palavra de Deus que nos fala por este Livro Santo da nossa fé. O fato de ir até essa mesa, postar-se de pé, trocar a cor da toalha de acordo com o tempo litúrgico, por exemplo, revela a necessidade de celebrar a Palavra. Solenizar sua leitura, celebrar sua mensagem. Gestos, posturas e lugares determinam o que pensamos e como valorizamos cada momento da vida.[133]

Ao redor da mesa da Palavra, quer-se educar os catequizandos de que este é o local da oração, do silêncio e da escuta. É onde farão o momento de "recordação da vida", partilhando acontecimentos marcantes da sua semana, da vida em comunidade e de toda a sociedade. Também é o local da oração inicial, que deverá ser feita de maneira ritual. Não como um simples momento de expressão de fórmulas decoradas, mas com uma motivação espontânea que venha ao encontro do que foi expressado na recordação da vida e da temática a ser abordada. Pode-se, ainda, motivar os catequizandos a traçarem o sinal da cruz na fronte com água benta durante o Tempo Pascal, cantar um refrão meditativo para o acendimento da vela ou aclamar o Evangelho antes de sua proclamação e ao seu término, passando o Livro Sagrado para que todos os catequizandos o beijem.

Ao proclamar os textos bíblicos nesse espaço, além de valorizar a Bíblia como Palavra de Deus, Livro Sagrado de nossa fé, quer-se educar os catequizandos à escuta e ao silêncio, pois o catequista, ao ler o texto várias vezes, numa espécie de leitura orante, faz com que os catequizandos se familiarizem com o vocabulário bíblico. O silêncio favorece a atenção para que escutem o que está sendo lido e participem do momento de reconstrução do texto que ouviram. Ao redor da mesa da Palavra, por fim, realiza-se a oração final do encontro e os catequizandos são incen-

---

132 PARO, 2014b, p. 8.
133 BRUSTOLIN, 2009, p. 14.

tivados a formular preces ou a guardar uma palavra, frase ou gesto como compromisso da semana. Ainda podem receber a imposição das mãos do catequista, que os despedirá com uma oração.

A mesa da partilha, por sua vez, constitui-se de "uma grande mesa com várias cadeiras ao seu redor, é o local onde os catequizandos irão buscar compreender com a ajuda do catequista o sentido e significado da Palavra"[134], atualizando-a em suas vidas. Com essa mesa, pretende-se ainda resgatar:

> ...o antigo simbolismo de assentar ao redor da mesa para tomar a refeição. Neste caso, crianças, jovens e seus catequistas, assentam-se ao redor da mesa para saborear a Palavra que dá vida, sacia toda sede e devolve a alegria ao coração humano. Usando a mesa pretende-se sair do esquema de escola, da utilização de cadernos e canetas, e de tudo que lembre uma lição escolar. Ao redor da mesa se fala, se contempla os símbolos, se dialoga e se realizam algumas atividades.[135]

Ao redor dessa mesa, o texto bíblico será reconstruído, ou seja, os catequizandos serão estimulados a partilhar quem são os personagens e quais os seus sentimentos, o ambiente em que se passa o texto e o contex-

---

134 PARO, 2014b, p. 8.
135 BRUSTOLIN, 2009, p. 14.

to onde acontece. Pela pouca idade, com certeza os catequizandos terão dificuldade de entender o texto e sua mensagem, por isso a reconstrução do texto é um incentivo para prestarem atenção na leitura e, além de se familiarizarem com vocábulo bíblico, conhecerem seus personagens. As histórias, dinâmicas e atividades que seguirão durante o encontro ajudarão os catequizandos a compreenderem a mensagem. Ainda ao redor da mesa da partilha, poderão ser utilizados muitos outros recursos didáticos, em vista da pedagogia que nos ensina que as pessoas aprendem de maneiras diferentes (visuais, auditivas e sinestésicas)[136].

Os catequizandos poderão ser iniciados nos ritos e símbolos, ou seja, a catequese desenvolverá a sensibilidade deles para, aos poucos, podermos lhes dar as chaves e os códigos para decifrarem as ações rituais. Como dito anteriormente, por exemplo, a coroa do Advento, os ramos e as cinzas, o círio pascal, a luz, a água, o pão, o óleo e muitos outros elementos simbólicos e rituais, trabalhados na catequese, serão facilmente identificados posteriormente na celebração litúrgica. Enfim, muitas outras atividades poderão ser realizadas ao redor da mesa da partilha, com a ajuda de figuras, imagens, testemunhos, escuta, reflexão e meditação.

---

136 Visuais: pessoas orientadas pela visão (desenhos, catálogos, gráficos, diagramas, maquetes, cartazes). Auditivas: pessoas orientadas pelo som, que prestam tanta atenção ao "que se diz" quanto ao "como se diz" (testemunhos e referendos, mudanças de tonalidade, timbre, volume e velocidade da fala para pontuar verbalmente os aspectos mais importantes). Sinestésicas: pessoas orientadas pelos sentidos do olfato, tato e paladar (é preciso envolvê-las fisicamente, fazendo-as operar, apalpar, degustar, cheirar o material utilizado).

Os novos espaços propostos à catequese buscam, portanto, mostrar que nossos catequistas não são professores, mas mistagogos que guiam os catequizandos para o Mistério, fazendo com que vivam uma experiência pessoal com Jesus Cristo. Num clima alegre e acolhedor, a Palavra se atualiza e se transforma em oração e gestos concretos[137].

3.6 A PALAVRA DE DEUS, FONTE DA CATEQUESE

O Concílio Vaticano II, através da Constituição Dogmática *Dei Verbum* sobre a revelação divina, afirmou que "a Igreja sempre venerou as divinas Escrituras, como também o próprio corpo do Senhor; sobretudo na sagrada liturgia, nunca deixou de tomar e distribuir aos fiéis, da mesa tanto da palavra de Deus como do corpo de Cristo, o pão da vida"[138]. Com esta proclamação, o Concílio "não só valorizou a Palavra de Deus, como também estimulou o acesso pessoal e comunitário ao Livro Sagrado"[139] que, até então, se reduzia à leitura em latim pelo padre nas celebrações — seu difícil acesso pelos fiéis para leitura pessoal e comunitária era verdadeiro. Hoje, pode-se afirmar que a Bíblia está presente na maior parte das atividades da Igreja e, de modo especial, nas mãos dos fiéis para leitura e meditação.

> Contudo, sentimos a falta de uma orientação específica, em relação à leitura bíblica. Bom é cuidar para que a Bíblia chegue na mão do povo. Mas isto exige da Igreja a correspondente obrigação de ensinar a fazer uma leitura correta e articulada com a fé da comunidade.[140]

---

137 PARO, 2014b, p. 8.

138 DV, n. 21.

139 Estudos da CNBB 86, p. 7.

140 Estudos da CNBB 86, p. 7.

Diante disso, percebe-se ainda hoje a dificuldade que as pessoas e comunidades têm para entender e interpretar as passagens da Sagrada Escritura. E, mais ainda, para atualizar sua mensagem à sua realidade pessoal e comunitária. Muitas comunidades correm o risco de cair numa interpretação superficial e/ou fundamentalista. A Igreja, portanto, com a missão de dar as chaves para a sadia leitura e interpretação dos textos bíblicos, encontra na catequese um importante e fundamental espaço. Este é um lugar privilegiado para a iniciação à Bíblia, pois na Palavra de Deus a catequese conhece sua mensagem[141].

> Um momento importante da animação pastoral da Igreja, onde se pode sapientemente descobrir a centralidade da Palavra de Deus, é a catequese, que, nas suas diversas formas e fases, sempre deve acompanhar o Povo de Deus. O encontro dos discípulos de Emaús com Jesus, descrito pelo evangelista Lucas (cf. Lc 24, 13-35), representa em certo sentido o modelo de uma catequese em cujo centro está a 'explicação das Escrituras', que somente Cristo é capaz de dar (cf. Lc 24, 27-28), mostrando o seu cumprimento em Si mesmo. Assim, renasce a esperança, mais forte do que qualquer revés.[142]

Podemos recorrer à passagem do Evangelho de Lucas 5,11 para exemplificar a força transformadora da Palavra. Jesus, seguido por uma multidão, sobe em uma barca à beira do lago de Genesaré para ensiná-la. O Evangelho relata que os pescadores haviam desembarcado e lavavam as redes, portanto não seguiam Jesus, pelo contrário, é Jesus quem vê os barcos e vai ao encontro dos pescadores. Na reflexão sobre esta passagem, pode-se imaginar que Simão, um dos proprietários do barco, é pego de surpresa. Ele é obrigado a interromper seu serviço e a escutar Jesus, que anuncia o Evangelho à multidão. Simão, talvez, nem quisesse estar ali, mas por força maior acaba por permanecer. Ao final do ensinamento, Jesus diz a Simão: "Faze-te ao largo; lançai vossas redes para a pesca'. Simão respondeu: 'Mestre, trabalhamos a noite inteira sem nada apanhar;

---

141 DNC, n. 106, p. 101.
142 BENTO XVI, 2010, n. 74, p. 139.

mas, porque mandas, lançarei as redes"[143]. E, ao lançar as redes, qual foi a surpresa de Simão? Pegou tamanha quantidade de peixes que suas redes se rompiam. Simão, a princípio, questiona o pedido de Jesus, não quer fazê-lo em um primeiro momento, já estava ali a ouvi-lo arbitrariamente. Mas, mesmo obrigado, Simão escuta as Palavras anunciadas por Jesus, e estas o tocam a ponto de reconhecê-lo como "Mestre", uma pessoa diferente das demais. Então, não tanto por causa do pedido, mas sobretudo pelas Palavras que Simão ouvira, ele lança as redes. O ensinamento de Jesus foi tão forte, e com tamanha autoridade, que transforma a vida de Simão e o faz largar o que conhece para seguir o Senhor. Antes do sinal (pesca milagrosa), veio a Palavra.

A Palavra de Deus toca no mais fundo do nosso ser, questiona-nos e provoca uma reação, uma mudança de vida, uma conversão. Diante disso, é fundamental recorrer à prática de Jesus e ao seu exemplo no anúncio do Evangelho. Muitos jovens estarão na catequese, muitos pais estarão nas celebrações por obrigação, mas é importante sempre proclamar a Palavra para que, através dela, Deus vá ao encontro e toque os corações de quem a ouve. Após o anúncio e do "terreno preparado", chega o momento de fazer que se aproximem dos textos na catequese, finalmente oferecendo as chaves para entenderem e interpretarem cada capítulo e versículo da Palavra de Deus.

Dentro da proposta, a fonte e o princípio gerador da temática de cada encontro catequético será a Sagrada Escritura, resgatando o antigo método usado pela patrística para compreender a Bíblia: a *lectio divina*.

> Uma chave interpretativa, a fim de que cada cristão pudesse pessoalmente se achegar à Palavra de Deus contida nas Escrituras. Nas mãos do fiel não só foi colocada a Bíblia, mas com ela foi lhe dado também um instrumento que o tornou capaz de extrair das Escrituras o alimento necessário para sua vida de fé.[144]

---

143 Lc 5,4-5
144 BOSELLI, 2014, p. 10.

Tendo a Palavra de Deus como fonte de toda a catequese, queremos não apenas um versículo bíblico perdido no meio do encontro, talvez apenas lido pelo catequista para fundamentar a temática refletida. Esperamos que realmente a Bíblia seja o princípio e o fundamento de todo encontro catequético, ajudando os catequizandos a desvendar e descobrir as maravilhas narradas em suas páginas, recuperando e ensinando o método da *lectio divina*.

> Uma das formas mais valiosas de trato com a Bíblia é a lectio divina, que entre nós é conhecida como leitura orante, individual ou comunitária. Consiste na leitura de um trecho bíblico, repetida uma ou mais vezes, acompanhada de silêncios interiores, meditação e contemplação. É a prática do 'Fala, Senhor, que o teu povo escuta!' (1Sm 3,9).[145]

O Papa Bento XVI, na Exortação Apostólica Pós-Sinodal sobre a Palavra na vida e na missão da Igreja, escreve sobre a leitura orante:

> Nos documentos que prepararam e acompanharam o Sínodo, falou-se dos vários métodos para se abeirar, com fruto e na fé, das Sagradas Escrituras. Todavia prestou-se maior atenção à *lectio divina*, que 'é verdadeiramente capaz não só de desvendar ao fiel o tesouro da Palavra de Deus, mas também de criar o encontro com Cristo, Palavra divina viva'.[146]

Como já dito, um espaço foi pensado na sala do encontro de catequese para valorizar a leitura, escuta e meditação da Palavra. A "mesa da Palavra", na prática, ajudará a ensinar a metodologia da leitura orante em seus quatro passos: leitura, oração, meditação e contemplação[147].

---

145 DNC, n. 106, p. 105.

146 BENTO XVI, 2010, p. 159.

147 Escreve o Papa Bento XVI sobre estes quatro passos: "Quero aqui lembrar, brevemente, os seus passos fundamentais: começa com a leitura (*lectio*) do texto, que suscita a interrogação sobre um autêntico conhecimento do seu conteúdo: o que diz o texto bíblico em si? Sem este momento, corre-se o risco que o texto se torne somente um pretexto para nunca ultrapassar os nossos pensamentos. Segue-se depois a meditação (*meditatio*), durante a qual nos perguntamos: que nos diz o texto bíblico? Aqui cada um, pessoalmente, mas também como realidade comunitária, deve

O contato direto e contínuo com a Sagrada Escritura e a progressiva consolidação da *lectio divina* demonstrarão a possibilidade de educar os cristãos para beberem das fontes puras da fé[148].

Para que o catequista consiga ensinar e transmitir com fidelidade a mensagem da Sagrada Escritura é preciso, pois, que ele a medite e atualize em sua vida. É preciso que a Palavra de Deus seja uma realidade constante em sua vida. Para isso, Ione Buyst traça algumas pistas que ajudarão na compreensão e transmissão da mensagem Sagrada: "é preciso levar em conta o livro todo, com sua história, seu autor, o tempo e as circunstância em que foi escrito. Se possível, recorra a um subsídio com alguma explicação sobre as leituras"[149]. As seguintes perguntas também podem ajudar:

> Qual o *contexto* deste texto na Bíblia? (Onde e em que época foi escrito? Para quem foi escrito? Com que objetivo?). Em que parte do livro se encontra a passagem que será lida? Quais são os *personagens* que aparecem na passagem da leitura? (O que fazem? Por quê? Com que objetivo? Como se relacionam? O que sentem?) Em que *ambiente* está se passando? (No deserto? Na cidade? No meio da multidão?...) Qual o assunto ou a mensagem, ou a *ideia principal* do texto? Qual o *gênero literário*? (Carta? Norma jurídica? Oração? [...] Parábola? Provérbio? Hino? Exortação? Profecia? Acusação?...) Há *palavras* difíceis no texto? Use o dicionário. Não só o dicionário de português, mas também, conforme o caso, um dicionário bíblico. Tente perceber as várias partes da leitura (a introdução, o final, o ponto alto etc.).[150]

---

deixar-se sensibilizar e pôr em questão, porque não se trata de considerar palavras pronunciadas no passado, mas no presente. Sucessivamente chega-se ao momento da oração (*oratio*), que supõe a pergunta: que dizemos ao Senhor, em resposta à sua Palavra? A oração enquanto pedido, intercessão, ação de graças e louvor é o primeiro modo como a Palavra nos transforma. Finalmente, a *lectio divina* conclui-se com a contemplação (*contemplatio*), durante a qual assumimos como dom de Deus o seu próprio olhar, ao julgar a realidade, e interrogamo-nos: qual é a conversão da mente, do coração e da vida que o Senhor nos pede?" (BENTO XVI, 2010, n. 87, p. 159-160).

148 BOSELLI, 2014, p. 10.

149 BUYST, 2001b, p. 9.

150 BUYST, 2001b, p. 9.

As diversas celebrações também se tornam momentos privilegiados de contato e escuta da mensagem salvífica de Deus. Desejamos que os catequizandos, no decorrer de todo o processo catequético, aprendam a se alimentar da Palavra de Deus e, através dela, se encontrem com o Mistério que se fez carne e habitou entre nós. Que a catequese ajude a Bíblia a se tornar livro de cabeceira e companheiro inseparável de cada catequizando.

3.7 ITINERÁRIO: OS CONTEÚDOS EM CADA ETAPA

O itinerário celebrativo proposto pelo RICA exige uma catequese inculturada, de acordo com a realidade de cada comunidade, que prepare os catequizandos a bem celebrarem. Assim, o conteúdo de cada celebração do RICA torna-se uma guisa orientadora dos temas a serem abordados pela catequese. O Catecismo da Igreja Católica faz-se fonte e explicitação deste conteúdo: a Profissão de Fé, a vida de oração (Pai-nosso), os sacramentos... Descrevemos a seguir uma ideia geral do conteúdo que poderá ser abordado em cada Etapa da catequese, considerando as celebrações do RICA que serão adaptadas para cada momento[151].

Para a Iniciação à Eucaristia:

1ª Etapa: A temática principal a ser trabalhada é o querigma, que favorece aos catequizandos conhecer e fazer uma experiência mística de Jesus Cristo. Tem-se por objetivo inseri-los na dinâmica do calendário da Igreja — Ano Litúrgico —, iniciando os encontros

---

151 PARO, 2014b, p.7.

no primeiro domingo do Advento e concluindo-os com a Solenidade de Nosso Senhor Jesus Cristo, Rei do Universo. Além de terem contato e aprenderem a manusear a Bíblia Sagrada, recebem-na em uma celebração de conclusão.

2ª Etapa: Em cada encontro de catequese, será refletido um dos artigos da Profissão de Fé para que os catequizandos construam uma noção geral da doutrina da Igreja e de como vivê-la. No início dessa Etapa, os catequizandos receberão impresso o Credo e numa celebração, ao final, professarão solenemente a fé.

3ª Etapa: O catequizando irá refletir sobre a vida de oração, tendo como modelo aquela que o Senhor nos ensinou, o Pai-nosso. Em cada encontro será trabalhada uma petição da oração. No início, os catequizandos receberão o Pai-nosso impresso e, ao final da Etapa, numa celebração, o rezarão solenemente. Propomos ainda que, ao meditarem a petição do "perdão", os catequizandos já batizados sejam iniciados no sacramento da Reconciliação, desvinculando-o do sacramento da Eucaristia.

4ª Etapa: Será um aprofundamento sobre os sete sacramentos e sacramentais. Os catequizandos não batizados receberão o primeiro sacramento na Vigília Pascal e, ao final da Etapa, todos se aproximarão pela primeira vez do corpo e sangue de Cristo, participando da Eucaristia.

Na Catequese Crismal, a cada Etapa propomos os seguintes enfoques e temáticas:

1ª Etapa: *História da Salvação.* Trabalhar com os catequizandos a concepção cristã de tempo, como momento oportuno de salvação de Deus ao homem. Refletir sobre a História da Salvação, desde a escolha de Abraão até Jesus Cristo e a fundação da Igreja. Por fim, aprofundar o conceito de Igreja, discipulado e missão. A 1ª Etapa se iniciaria com um grande retiro espiritual para os catequizandos e suas famílias no primeiro domingo da Quaresma.

2ª Etapa: *Conhecer a si mesmo, para servir melhor.* Levar os catequizandos a refletirem sobre si mesmos, quem são e qual o seu papel e lugar no mundo. Partindo de temas centrais da adolescência, como afetividade e sexualidade, felicidade, drogas, liberdade e outros, nesta caminhada busca-se favorecer a reflexão de uma cultura de paz, a descoberta da própria vocação e o fortalecimento de seu compromisso em assumir o seu lugar na Igreja, como um "cristão em tempo integral".

3ª Etapa: *Ser Igreja — amar e servir.* Após conhecer a vida e dinâmica da Igreja paroquial, os catequizandos serão convidados a participar de alguma comunidade, pastoral, movimento ou associação onde serão engajados nos vários serviços e ministérios ao longo desta Etapa. Além das atividades próprias de onde estará engajado, será realizado um encontro por mês com o catequista para partilhas e orientações. Só serão crismados, no final, os que estiverem inseridos na vida eclesial.

Na catequese em preparação ao sacramento da Crisma prevemos, ainda, um trabalho com os pais ou responsáveis dos catequizandos, em reuniões mensais coordenadas pela Pastoral Familiar. Será realizada também a escolha dos futuros padrinhos, que deverá ocorrer na 1ª Etapa para favorecer seu processo de formação e conscientização em relação à sua missão e ao seu papel. Os catequizandos serão orientados nesta escolha e incentivados, de modo especial, a confirmar seus padrinhos de Batismo.

3.8 ESTRUTURA E ROTEIRO PARA OS ENCONTROS

Os encontros foram pensados com uma estrutura pré-definida, de modo a favorecer momentos distintos (oração, leitura do texto bíblico, dinâmicas, histórias, sensibilização com relação aos símbolos e ritos). A partir dessa estrutura, cada encontro é desenvolvido com um roteiro composto por: Tema do encontro, Palavra inicial, Preparando o ambiente, Acolhida, Recordação da vida, Na mesa da Palavra, Na mesa da partilha, Conclusão e Oração final. Alguns encontros, de acordo com a necessidade, poderão envolver outros tópicos: Material de apoio e Lembretes. Vejamos o conteúdo de cada um destes itens:

Tema do encontro: Título dado ao encontro, que indica a temática a ser trabalhada.

Palavra inicial: Apresenta os objetivos a serem atingidos no encontro ou a mensagem a ser transmitida para cada catequizando. O catequista poderá acrescentar, mudar ou ignorar as sugestões de dinâmicas e textos, acrescentando outros de acordo com a realidade do grupo.

Preparando o ambiente: Oferece aos catequistas sugestões de símbolos e maneiras de se preparar e organizar o espaço, bem como os materiais a serem providenciados para o desenrolar dos encontros. Sugere-se ainda que o catequista envolva os catequizandos distribuindo funções com antecedência, por exemplo: um traz as flores, o outro acende a vela, um grupo prepara e ensaia os cantos... Poderá também ter uma imagem (de Jesus, de Nossa Senhora ou do padroeiro da comunidade) a ser levada semanalmente para a casa de um dos catequizandos, que ficará responsável por trazer no próximo encontro. Enquanto a imagem estiver na casa do catequizando, pode-se incentivá-lo a rezar em família. Ainda, propor que os catequizandos sejam envolvidos em algumas atividades em forma de escala, como periodicamente cada catequizando ser responsável por trazer as flores para ornamentar o ambiente de encontro. Trabalhar então o conceito de responsabilidade: se o catequizando não o fizer, o espaço ficará sem as flores e "triste", pois ninguém desempenhará a tarefa que lhe pertence.

Acolhida: É sugerida uma frase para a acolhida dos catequizandos, a fim de prepará-los à temática a ser refletida no encontro.

Recordação da vida: Este momento poderá acontecer ao redor da mesa da Palavra, como parte da oração inicial, ou a critério do catequista, na mesa da partilha, antes da oração. Sua intenção é recordar brevemente fatos e acontecimentos marcantes da comunidade e da sociedade, e ainda recordar o tema e gesto concreto do encontro anterior[152]. A recordação da vida é uma maneira de o catequista conhecer a realidade de cada catequizando.

Na mesa da Palavra: Neste item, o livro traz indicações dos momentos que acontecerão em torno da mesa da Palavra: Oração inicial e Leitura do texto bíblico.

Oração inicial: Apresenta sugestões e cantos para a oração inicial, que deverá ser dinamizada e ritualizada pelos catequistas para envolver os catequizandos na reflexão do tema, despertando o desejo de participarem ativamente do encontro[153].

Leitura do texto bíblico: Traz sugestões de textos bíblicos para serem proclamados na catequese. Buscando resgatar a importância e dignidade da Palavra de Deus na vida do cristão, todos os encontros têm como tema gerador o texto bíblico proclamado, fazendo com que

---

152 PARO, 2014b, p. 9.

153 Ibid.

os catequizandos sejam introduzidos na linguagem bíblica e atualizem a cada dia sua mensagem.

> Na primeira etapa, os catequizandos não terão contato direto com a Bíblia, oferecendo-lhes primeiro serem ouvintes da Palavra. Portanto propomos que o catequista seja quem proclamará os textos bíblicos de maneira clara e ritual: fazendo uma saudação respeitosa antes e depois da leitura, beijando a Palavra quando for um Evangelho, ou até mesmo passando para os catequizandos a beijarem. Isto para mostrar a importância e dignidade de tal livro. Os textos deverão ser lidos ao menos duas vezes. A primeira leitura na íntegra e a segunda de maneira pausada, com destaque para os versículos da temática do encontro. A partir das etapas seguintes poderá haver uma escala entre os catequizandos para a proclamação do texto bíblico, onde o catequista poderá distribuir antecipadamente cartões com as passagens que serão refletidas, possibilitando uma melhor preparação por parte do catequizando. Seria importante que antes de cada encontro o catequista fizesse uma *lectio divina* [...] Durante os encontros de catequese, na medida do possível, utilizar do esquema da leitura orante da Bíblia com os catequizandos.[154]

Trata-se de um importante momento em que os catequizandos serão educados à escuta, a familiarizar-se com o linguajar bíblico, e ainda terão contato próximo e direto com o Texto Sagrado. Vão precisar escutar para participar da reconstrução da passagem bíblica a ser feita à mesa da partilha. Ainda, as cores da toalha colocada na mesa da Palavra recordarão o tempo litúrgico celebrado pela Igreja e remeterão os catequizandos àquelas usadas nas celebrações dominicais. É uma maneira de introduzi-los na dinâmica do Ano Litúrgico.

Na mesa da partilha: Lugar onde o encontro se desenvolverá. O catequista encontrará sugestão de histórias, dinâmicas e símbolos que o auxiliarão a transmitir a mensagem da Boa Nova de Jesus Cristo. Poderá adaptar, acrescentar ou até mesmo mudar as sugestões de acordo com a realidade de cada grupo. Por isso é indispensável que prepare

---

154 PARO, 2014b, p. 10.

com antecedência cada encontro. As histórias são apresentadas nos encontros da 1ª e 2ª Etapas, "tendo como personagens principais três crianças — Amanda, Fernando e Pedrinho — que viajam no tempo de Jesus e atualizam a mensagem bíblica proposta no encontro. As histórias poderão ser contadas com fantoches, dedoches, cartazes, ou de outra maneira criativa"[155].

Conclusão: O catequista comunicará às crianças o compromisso da semana, o gesto concreto. Será a maneira de atualizar na vivência de cada um a Palavra lida, meditada e contemplada. Também poderá recordar os aniversariantes de Batismo da semana e distribuir as tarefas para o próximo encontro.

Oração final: Deverá se realizar, de preferência, sempre ao redor da mesa da Palavra ou de onde foi feita a oração inicial. O catequista poderá incentivar os catequizandos a fazerem orações e preces espontâneas, podendo concluir com a oração indicada para cada encontro ou com uma bênção, impondo as mãos e traçando o sinal da cruz na fronte de cada catequizando[156].

Material de apoio: "No material de apoio o catequista encontrará, em alguns encontros, textos, citações e sugestões de bibliografias para aprofundar a temática"[157]. Sugerimos, a partir de nossa experiência, que os catequistas da mesma Etapa preparem juntos os seus encontros, em reuniões mensais, quinzenais ou semanais.

Lembretes: "Ao final de alguns encontros, o catequista encontrará 'lembretes' que o auxiliarão no desenvolvimento da catequese, de modo especial a fazer com que os encontros sejam vividos de acordo com a dinâmica do Ano Litúrgico"[158].

---

155 PARO, 2014b, p. 10.
156 Ibid.
157 Ibid.
158 Ibid.

3.9 AS CELEBRAÇÕES DO PROCESSO CATEQUÉTICO

Em todas as Etapas, sugerimos ao menos duas celebrações presididas por leigos com o intuito de reunir catequizandos, pais, padrinhos de Batismo e comunidade. As celebrações são contadas como encontros da catequese e, para garantir uma maior participação, principalmente dos pais, sugere-se marcar em dia e horário nos quais a comunidade costuma se reunir para o seu momento de oração e partilha. As celebrações deverão ser preparadas com antecedência, de preferência, com a ajuda das pessoas da comunidade acostumadas a se reunirem semanalmente. Escolher quem irá presidir, quem serão os leitores, o grupo de cantos, entre outros.

Estas celebrações têm o intuito, além de aproximar catequizandos, pais e padrinhos da comunidade, de sensibilizá-los, iniciando-os na ritualidade e nos elementos simbólicos. Esses momentos celebrativos nada mais são que celebrações da Palavra, em que inserimos algum elemento "temático". Na semana após o domingo em que a Igreja faz memória do Batismo do Senhor, por exemplo, sugerimos uma "celebração da água" na qual se pode refletir sobre este tão rico elemento natural, usado por Jesus no sacramento do Batismo. Ainda, durante o Tempo Quaresmal, sugerimos uma "celebração penitencial não sacramental" presidida por leigos, como propõe o Ritual da Penitência, favorecendo que os participantes desenvolvam mais consciência do pecado e da misericórdia de Deus. Muitas outras celebrações são sugeridas de acordo com as temáticas refletidas nos encontros de catequese: "celebração da luz", "celebração ecológica", "celebração do pão", entre outras. Ainda temos as grandes celebrações adaptadas do RICA que marcam a conclusão de uma Etapa e o início de outra, como veremos a seguir.

3.10 AS CELEBRAÇÕES ADAPTADAS DO RICA PARA A CATEQUESE INFANTIL

No final de cada Etapa dos encontros de Iniciação à Eucaristia, propomos também celebrações inspiradas e adaptadas do RICA, as quais marcarão a conclusão de parte da caminhada e o início de uma nova Etapa. São as grandes celebrações de entrega ou recitações. Ao final da 1ª Etapa, temos a "celebração de inscrição do Nome e entrega do Livro Sagrado". Esta celebração é uma adaptação do rito de entrada no catecumenato. Para esta celebração, o RICA orienta que: "depois [...] do Rito, sejam oportunamente anotados em livro próprio, os nomes dos catecúmenos, com a indicação do ministro, dos introdutores e dia e lugar da admissão"[159].

Levando em conta que muitos catequizandos já são batizados, sugerimos que a comunidade providencie o que chamamos de **Livro de Inscrição dos Eleitos**, no qual serão registrados os nomes dos catequizandos que concluíram a 1ª Etapa, dando o sentido de acolhida, de escolha, de eleição, além de ajudar na organização da catequese. Além dos nomes, outros dados poderão posteriormente ser registrados, como a data do Batismo, as datas de recebimento e recitação do Credo e do Pai-nosso, da Primeira Comunhão, entre outras que a comunidade achar importante registrar[160].

Para a celebração de Inscrição do Nome e entrega do Livro Sagrado, propõe-se o uso do Livro de Inscrição dos Eleitos para registrar os nomes dos catequizandos batizados e, em um espaço reservado, os nomes dos catequizandos que receberão o Batismo no decorrer do processo

---

159 cf. RICA, n. 17.

160 cf. *Livro de Inscrição dos Eleitos*. Petrópolis: Editora Vozes, 2018.

catequético. Esta celebração, que marcará o término da 1ª Etapa da catequese, consta do chamado e da inscrição dos nomes no Livro dos Eleitos, diferenciando os catequizandos batizados dos que ainda não foram. Ocorrerá também a entrega da Bíblia e de uma insígnia (cordão com uma cruz ou crucifixo), sinal de sua adesão ao processo catequético e ao seguimento a Jesus Cristo.

No início da 2ª e 3ª Etapas, em um dos domingos do Tempo do Advento, ocorre a celebração de entrega do Credo e da oração do Pai-nosso impresso. E no final, após uma caminhada de reflexão e conhecimento de cada artigo da Profissão de Fé e das petições da oração do Senhor, os catequizandos da 2ª Etapa recitarão solenemente, ante toda a comunidade reunida, o Credo, e os catequizandos da 3ª Etapa, o Pai-nosso.

Observando a Tradição da Igreja, as entregas feitas pelos Santos Padres sempre foram verbais, como relata Ambrósio ao explicar a entrega do Símbolo:

> Quero avisá-los bem o seguinte: o símbolo não deve ser escrito. Deveis repeti-lo, mas ninguém o escreva. Por que motivo? Foi-nos transmitido que não deveria ser escrito. O que fazer então? Retê-lo de cor. Tu, porém, me dizes: 'Como é possível retê-lo sem escrevê-lo?'. Pode-se retê-lo melhor se não se escreve. Por que razão? E o seguinte. O que escreves, seguro de que o relerás, não te aplicarás em examiná-lo pela meditação diária. O que, porém, não escreves terás medo de esquecê-lo e daí o repassarás todo dia. Isso é uma grande segurança.[161]

Para Ambrósio, a não escrita do Símbolo tinha, sobretudo, uma função didática. Os catecúmenos, ao escutarem o Símbolo, deveriam prestar atenção e cuidadosamente reter o máximo possível das verdades da fé. Lembremos, porém, que esta prática dos Santos Padres é para adultos. No nosso caso, ao fazermos a entrega às crianças, optamos também por uma função didática ao lhes entregar o Credo e o Pai-nosso

---

161 AMBRÓSIO DE MILÃO, 1996, p. 28.

impressos, cientes de que nessa idade não estão preparados para assimilar todo o conteúdo e retê-los de cor. Assim adaptamos para a 2ª e 3ª Etapas as celebrações de entrega, colocando-as num dos domingos do Tempo do Advento, e as recitações do Credo e do Pai-nosso, no domingo de Cristo Rei, pois, inseridas nas celebrações dominicais, esperamos envolver toda a comunidade no processo de iniciação.

Na 4ª Etapa, durante o Tempo Pascal, serão batizados os catequizandos que ainda não receberam este sacramento, porém com toda a devida preparação, como sugere o RICA. Assim, no primeiro domingo da Quaresma, deverá acontecer o "rito de acolhida e eleição". No terceiro domingo da Quaresma, será o primeiro escrutínio que, além da oração de exorcismo, sugerimos somar aos ritos de assinalação da fronte e dos sentidos[162]. No quarto domingo poderá acontecer o segundo escrutínio, no qual sugerimos acrescentar o rito do *Éfeta*. No quinto domingo, sugerimos incluir no terceiro escrutínio o rito da unção com o óleo dos catecúmenos. Na Vigília Pascal ou no domingo da Páscoa, em torno da comunidade reunida, com a presença dos demais catequizandos, serão batizados os eleitos com o banho batismal (imersão), de preferência. E no término da 4ª Etapa, na solenidade de Cristo Rei, todos participarão do banquete eucarístico pela primeira vez.

Conservando a estrutura e o sentido mistagógico de cada celebração apresentada pelo RICA, é possível adaptá-las de acordo com a realidade de cada comunidade. Unindo os conteúdos refletidos pela catequese e as ações rituais, pode-se fazer um caminho de construção participativa inserindo os catequizandos na dinâmica simbólico-ritual da fé cristã e sensibilizando-os a respeito. Com isso, acredita-se que os sinais sensíveis da liturgia tocarão a mente e o coração dos catequizandos, fazendo-os compreender, visualizar e vivenciar a experiência do Mistério celebrado.

---

162 Por não haver nada previsto pelo RICA no segundo domingo da Quaresma, os ritos de assinalação da fronte e dos sentidos poderão acontecer neste dia.

3.11 O SACRAMENTO DA PENITÊNCIA

A prática que se estabeleceu na Igreja de batizar crianças antes dos sete anos (idade da razão para o Código de Direito Canônico)[163], o distanciamento entre o Batismo e os demais sacramentos da Iniciação Cristã fizeram surgir, após um período de catequese, a primeira confissão anterior à comunhão do Corpo e Sangue do Senhor pela primeira vez. Do ponto de vista teológico, é difícil explicar o porquê do distanciamento dos três sacramentos da Iniciação Cristã, e mais difícil ainda explicar o surgimento do sacramento da Reconciliação antes da Primeira Comunhão. Temos, pois, um problema do ponto de vista teológico. Porém, do ponto de vista pastoral e pedagógico, e da prática estabelecida de distanciar os três sacramentos da Iniciação Cristã no processo catequético, é preciso recuperar a importância e o valor da Reconciliação como sacramento autônomo, com sua riqueza teológico-sacramental.

> O costume de iniciar as crianças ao sacramento da penitência antes da recepção da primeira comunhão eucarística foi reforçado no início do século XX com o decreto *Quam singulari* de Pio X (1910). No entanto, nos anos 60 ou mesmo antes, começou-se a inverter esta prática por razões teológicas, pedagógicas, psicológicas e práticas. Numa carta pastoral de 1977 o então Card. Ratzinger dizia: 'no curso da manutenção espiritual do homem, a capacidade de receber a Eucaristia se apresenta felizmente, na criança, antes da capacidade de cometer o pecado mortal'.[164]

É comum encontrar discursos como: "padre, não comunguei este final de semana, pois não me confessei". Pela fala de muitos fiéis, percebe-se que, com o tempo, a Penitência perdeu sua autonomia e se vinculou ao sacramento da Eucaristia: confessa-se para comungar. Buscando, en-

---

163 cf. CDC, n. 11.

164 LIMA apud Estudos da CNBB 96, p. 55.

tão, desvinculá-los e valorizar cada um em particular, sugerimos que os catequizandos já batizados e, portanto, com pleno direito de se aproximarem do sacramento da Reconciliação, façam-no já na 3ª Etapa da catequese[165]. Deste modo, mais de um ano antes da Primeira Eucaristia. Assim, não se condiciona à confissão a recepção da comunhão.

Confessa-se para reconciliar-se com Deus, e a comunhão torna-se consequência disso. Amplia-se assim, para os catequizandos, o valor e a importância deste tão rico sacramento, mostrando a bondade e infinita misericórdia de um Deus sempre de braços abertos para acolher os pecadores. "Na Penitência, reconcilia-se não somente com Deus, mas também com a Igreja, que coopera para sua conversão, com a caridade, o exemplo e a oração"[166].

> O que mais preocupa os catequistas, em geral, é a prática sacramental. Como ensinar os catequizandos a se confessar com o presbítero? Claro que isso é importante, mas a catequese estaria falhando muito se dedicasse todo seu esforço a este 'aprendizado e treino' e deixasse de lado o mais importante: ou seja, o anúncio da misericórdia do Pai, através de Cristo Jesus e manifestada pela Igreja na força do Espírito Santo.[167]

Neste sentido, é preciso investir em uma catequese preparatória para a compreensão e vivência consciente do sacramento da Reconciliação. Na 1ª Etapa, durante o Tempo da Quaresma, pode-se começar a sensibilizar os catequizandos para a existência do pecado e da necessidade de nos aproximarmos de Deus, que nos acolhe e perdoa sempre. Pode-se ainda, durante a Quaresma, realizar celebrações penitenciais (não sacramentais) conduzidas por leigos, como propõe o Ritual da Penitência, que apresenta oito exemplos de roteiros celebrativos[168].

---

165 cf. PARO, 2015, p. 87-91.

166 GRILLO apud CNBB, 2014, p. 9.

167 LIMA apud Estudos da CNBB 96, p. 44.

168 cf. RITUAL da Penitência, 2006, p. 191-241.

Catequistas leigas e leigos podem fazer também tais celebrações nos encontros de catequese. Através delas, pela riqueza de suas orações, palavras de Deus, contos, gestos e símbolos, os catequizandos poderão crescer muito mais do que pelo simples 'ensino' a respeito da 'confissão'. Nelas estão presentes quase todos os elementos que o cristão precisa assimilar a fim de viver o mistério da reconciliação e do perdão.[169]

Depois desta sensibilização e do amadurecimento, na 3ª Etapa, ao se trabalhar o conceito de perdão na oração do Senhor, convida-se todos os catequizandos batizados a se aproximarem deste sacramento pela primeira vez. Importante frisar que se trata de um sacramento, e que o mesmo exige uma celebração (pode ser comunitária), com escuta da Palavra, exame de consciência, confissão e absolvição individual. O Ritual da Penitência apresenta um roteiro e diversas sugestões de como realizá-lo[170].

A teologia e a pastoral fixaram a 'estrutura' deste sacramento em dois grandes elementos: os 'atos' (as práticas) do penitente e os 'atos' (gestos, ritos) da Igreja. Da união íntima entre estes dois elementos é que nasce a realidade do sacramento do perdão.[171]

Vários padres poderão ser convidados a participar desta celebração e ajudar no atendimento das confissões. No final, reconciliados, todos poderão louvar a Deus pela sua infinita misericórdia. Os catequizandos poderão ser incentivados a sempre se confessar, especialmente para as grandes festas da Igreja: Natal e Páscoa. Os catequizandos não batizados poderão participar da celebração, porém não se confessam, apenas são inseridos na compreensão de pecado e na necessidade de se reconciliarem.

---

169 LIMA apud Estudos da CNBB 96, p. 53-54.
170 RITUAL da Penitência, 2006, p. 39-76.
171 LIMA apud Estudos da CNBB 96, p. 45.

3.12 SUGESTÃO DE SUBSÍDIO PARA O CATEQUIZANDO

O subsídio ao catequizando é constituído apenas de um livro, que intitulamos Diário Catequético e Espiritual do Catequizando[172]. Como o próprio nome sugere, é um diário onde o catequizando deverá ser incentivado a relatar sua vivência de fé. Buscando mais uma vez desvincular a catequese das práticas escolares, foi pensado em um "diário" que o catequizando não precisa levar para o encontro de catequese. Será apenas um material de apoio, complementar. Durante os encontros, os catequizandos refletirão os temas em nível comunitário e eclesial, e o diário os ajudará a meditar sobre qual a sua postura em relação ao tema em nível pessoal. O diário foi dividido em duas partes.

A primeira parte, intitulada "Meus encontros de catequese", está organizada da seguinte forma:

◢ É proposta inicialmente uma citação bíblica, seguida de um texto com menção ao tema trabalhado no encontro de catequese, levando a uma reflexão pessoal. Ainda, é apresentada uma ilustração relacionada ao tema bíblico e conteúdo proposto para o encontro.

◢ É hora de pensar e registrar o meu encontro: propõem-se algumas perguntas e atividades para ajudar os catequizandos a fazerem a memória da experiência vivida no encontro, como também para incentivá-los a meditar sobre a temática do encontro ou celebração.

◢ Seus pedidos e intenções de orações da semana: propõe-se que os catequizandos escrevam seus pedidos e intenções de oração da semana. Esse espaço permite que descrevam os motivos para a

---

172 cf. PARO, 2014b.

oração e citem pessoas por quem querem rezar. Assim, as orientações para o catequizando favorecem um momento diário de oração pessoal, que deve ser incentivado pelo catequista constantemente durante os encontros.

◢ Espaço complementar: nos volumes de Eucaristia há uma página para o registro de algumas atividades realizadas durante o encontro, como colagens, transcrições de textos ou outras possibilidades que o catequista criar para facilitar aos catequizandos a compreensão de cada tema[173].

A segunda parte do diário, intitulada "Meu domingo", compõe-se de um texto explicativo sobre o domingo e o Ano Litúrgico, incentivando a participação dos catequizandos e de seus familiares na Santa Missa. Para isso, nos livros da Eucaristia há um roteiro para cada domingo em que os catequizandos deverão anotar as citações da Liturgia da Palavra, a cor litúrgica usada e uma breve mensagem sobre o que aprenderam ao participar da celebração. Nos livros da Crisma, por sua vez, tem-se a orientação para que anotem a mensagem que ouviram na celebração ou uma atitude de mudança que a celebração inspirou. No diário, ainda, os catequizandos encontrarão algumas orações básicas da vida do cristão. Sugere-se ao catequista orientá-los para que as rezem sozinhos ou com a família.

O diário poderá substituir as "carteirinhas" ou os "boletins" que algumas comunidades solicitam aos catequizandos para levarem à missa, a fim de coletar assinatura ou carimbo de comprovação da sua presença nas celebrações[174]. Por se tratar de um diário, sua finalidade é ser um instrumento em que os catequizandos possam contemplar suas experiências catequéticas e perceber o seu crescimento na fé.

---

173 cf. PARO, 2014b, p. 14.

174 Ibid. p. 14-15.

3.13 FORMAÇÃO E CAPACITAÇÃO DOS CATEQUISTAS

O Diretório Geral para a Catequese expressa a importância de priorizar e investir na formação dos catequistas:

> Todas estas tarefas nascem da convicção de que qualquer atividade pastoral que não conte, para a sua realização, com pessoas realmente formadas e preparadas, coloca em risco a sua qualidade. Os instrumentos de trabalho não podem ser verdadeiramente eficazes se não forem utilizados por catequistas bem formados. Portanto, a adequada *formação dos catequistas* não pode ser descuidada em favor da atualização dos textos e de uma melhor organização da catequese.[175]

Tendo em vista toda a mudança na prática catequética e a busca por uma evolução de mentalidade, portanto, é preciso investir na formação dos catequistas envolvidos com o novo método. Assim, anualmente devem ser realizados cursos de orientação e capacitação para os catequistas com os conteúdos próprios de cada Etapa, como também formação pedagógica e mistagógica. Várias oficinas podem ajudar nesse processo formativo, como a "arte de contar histórias" e "como fazer leitura orante da Bíblia". No decorrer de todas as formações, podem ser feitos cadastro e acompanhamento dos catequistas, o que ajudará a ver a realidade de cada comunidade e propor cursos ao encontro de sua necessidade.

---

175 DGC, n. 234.

3.14 ENCONTRO COM AS FAMÍLIAS DOS CATEQUIZANDOS

"Antes de quaisquer outros, os pais têm obrigação de formar, pela palavra e pelo exemplo, seus filhos na fé e na prática da vida cristã; semelhante obrigação têm aqueles que fazem as vezes dos pais, bem como os padrinhos"[176]. Como expresso no Código do Direito Canônico, e consenso de toda a Igreja, a função primeira dos pais é educar os filhos na fé e, em seguida, a dos padrinhos de Batismo é acompanhar e auxiliar os pais nessa árdua missão. Hoje, na catequese, muito se cobra dos pais o protagonismo na iniciação dos filhos, porém é preciso olhar a realidade destas famílias que, na sua maioria, não foram iniciadas na fé, receberam apenas os sacramentos sem autonomia e maturidade necessárias para vivê-los. Sabe-se, pois, que ninguém pode dar aquilo que não tem[177].

Aproximar as famílias dos catequizandos da vida eclesial é um desafio para a catequese de nosso tempo. Muitos receberam os sacramentos, porém não foram iniciados na fé. A catequese dos filhos surge, então, como uma oportunidade de aproximação de seus pais na descoberta da importância da vivência da fé na comunidade. Diante da experiência dos catequistas, que colocam em prática esta proposta, elencamos algumas ações que poderão ajudar na missão de ir ao encontro das famílias dos catequizandos. Em primeiro lugar, sugerimos que, logo após a inscrição dos filhos na catequese, seja realizada pelo catequista uma visita à casa dos futuros catequizandos. Nesta ocasião, o catequista poderá levar um *folder* com a proposta do novo modelo catequético, explicando a alteração no calendário tradicional para o Ano Litúrgico. Poderá levar, ainda, a programação com todas as atividades da catequese no decorrer do ano, ressaltando, de modo especial, as atividades

---

176 CDC, n. 774. § 2.
177 cf. Lc 6,45.

em que é fundamental a presença dos pais ou responsáveis: celebrações da catequese, reuniões, missas dominicais, enfeitar a rua para a solenidade de Corpus Christi etc. Na oportunidade, o catequista poderá conhecer a realidade da família e observar quais seus problemas, pois, durante os encontros de catequese, muito do comportamento do catequizando refletirá o que é vivido em seu lar.

As reuniões de pais ou responsáveis devem ser devidamente preparadas. Os catequistas precisam aproveitar a oportunidade para catequizar os pais, evitando o discurso moralista e as cobranças. Fazer uma oração inicial bem-feita, ritualizada, com um espaço celebrativo organizado, com a proclamação da Palavra e um momento de leitura orante para, em seguida, realizar uma breve partilha do tema será um rico momento de transmissão da fé. A distribuição de subsídios que incentivem a oração em família e a criação de pequenos oratórios em suas casas será, igualmente, um instrumento de evangelização. Sugerimos que a família escolha um dia na semana não só para rezar junto, mas para estar junto! Que os pais se comprometam em chegar cedo do trabalho, que os filhos se organizem com os deveres da escola para que, na hora marcada, todos possam estar reunidos para rezar, comer, assistir a filmes, brincar, enfim, ter pelo menos uma noite na semana dedicada a se reunirem, resgatando os valores familiares e seu papel na formação dos filhos.

Nos momentos de encontro com as famílias, falar da importância de resgatar antigos costumes: pedir bênção aos pais, avós e padrinhos, rezar antes das refeições, ensinar a rezar antes de dormir, participar da novena de Natal... Para a 1ª Etapa, criamos um encarte com quatro encontros para serem realizados durante o Tempo do Advento. Nestes quatro encontros, sugerimos a confecção em família de uma coroa do Advento, recuperando a sua origem, que nasceu entre as famílias de colonos na Alemanha, no século XIX[178]. Assim, as famílias terão uma oportunidade de se encontrar para rezar e serão incentivadas a criar este hábito em conjunto. Por fim, nesta missão de inserir as famílias dos catequizandos na vivência da fé,

---

178 cf. FERNANDES apud CNBB, 2013, ficha 69.

muito poderá nos ajudar a Pastoral Familiar e os movimentos que atuam com as famílias: encontro de casais com Cristo, equipes de Nossa Senhora, entre outros. Estes poderão propor reuniões, reflexões, retiros, celebrações e visitas, testemunhando as maravilhas e a importância do seguimento familiar a Jesus Cristo.

3.15 A CORRESPONSABILIDADE NA INICIAÇÃO CRISTÃ

Muito se fala da importância da catequese e da iniciação dos catecúmenos na fé, e parece haver um consenso sobre sua responsabilidade ser única e exclusivamente da Pastoral catequética. Mas não é! Toda a Igreja é chamada a ser discípula missionária, anunciadora da Boa Nova de Jesus Cristo. Diante disso, é de suma relevância que a Igreja assuma a corresponsabilidade de ajudar, acompanhar e inserir os catecúmenos e catequizandos na vida eclesial. A proposta metodológica apresentada avança neste sentido, envolvendo e animando comunidades, pastorais, movimentos e associações no processo catequético.

Podemos citar alguns exemplos, dentro do itinerário proposto, desta busca por aproximar os grupos e colocá-los em diálogo promovendo uma verdadeira Pastoral de Conjunto. Primeiramente, a reaproximação entre catequese e liturgia; a inserção de celebrações entre os encontros de catequese, que deverão acontecer no dia e horário em que a comunidade local costuma se reunir para suas celebrações e práticas de devoção, favorecendo à comunidade conhecer os catequizandos e seus familiares, e aos mesmos conhecer a comunidade e o trabalho por ela realizado; o incentivo para os catequizandos serem dizimistas, proposto na 3ª Etapa, e a sugestão de que o dízimo seja entregue na mesa da Pastoral do Dízimo, possibilitando que os catequizandos já criem laços e se tornem futuros dizimistas.

Ainda, a Pastoral Familiar pode assumir a responsabilidade de realizar reuniões com os pais dos catequizandos; e o Setor Juventude, ao longo do ano, poderá promover vários encontros com os catequizandos, mostrando o lado jovem e responsável da Igreja. No final da 2ª Etapa de preparação para a Crisma, de acordo com nossa proposta, os catequizandos conhecerão as diversas realidades de serviços e ministérios da Igreja, e serão encaminhados para um "estágio" durante toda a 3ª Etapa de preparação para a Crisma, como uma maneira de engajá-los na vida eclesial. Assim, poderemos crismar engajados, e não crismar para engajar. Neste sentido, todos os grupos (comunidades, pastorais e movimentos) serão corresponsáveis na educação e no amadurecimento da fé de nossos jovens. Apesar da grande dificuldade em promover esse diálogo, há urgência de começarmos a dar passos para, de fato, sermos uma Igreja unida em sua grande diversidade.

3.16 A COLEÇÃO DE MANUAIS: "O CAMINHO"

O projeto e a experiência realizada pela Diocese de Barretos culminaram na publicação da coleção de subsídios "O Caminho", que se fundamentou na adaptação do RICA à catequese infantil e desenvolveu uma das propostas tão sonhadas pelo Documento 26 da CNBB[179], que focaliza a unidade entre catequese e liturgia. Os encontros catequéticos apresentam uma estrutura simples e funcional. De modo particular, a novidade de a "oração final", que acontecerá ao redor da mesa da Palavra, ser rezada pelo catequista de forma presidencial e acompanhada interiormente pelos catequizandos, prepara-os para a "oração litúrgica". A metodologia participativa empregada em cada encontro

---

179 cf. Documentos da CNBB 26, n. 136, 137, 224-228.

oferece possibilidades aos catequizandos de participarem ativamente, isto é, de escutar, ver, atender, sintonizar, orar, cantar, elaborar preces... favorecendo sua introdução à participação litúrgica.

O texto focaliza uma catequese querigmática, portanto bíblica: a fonte na qual a catequese busca a sua mensagem é a Palavra de Deus, proporcionando um conhecimento gradativo de Jesus Cristo, sua vida terrena, sua missão salvífica e a proposta do Reino, podendo despertar o catequizando para o discipulado, que é um dom destinado a crescer dentro de um processo de amadurecimento da fé, em uma catequese permanente. A proposta pedagógica e mistagógica oferecida nesta coleção resgata a mentalidade catecumenal prevista pelo RICA, que é revolucionária por trazer consigo a concepção mistérica da liturgia, tornando a catequese experiencial, celebrativa e orante. Dá importância aos símbolos — temos uma riqueza em quantidade e significados — e aos progressivos e graduais passos na fé, assumindo características de um processo iniciático. A proposta é provocativa e, para atingir seus objetivos, deverá desinstalar a metodologia rotineira e tão utilizada ainda hoje por muitos catequistas que não têm acompanhado o anseio da Igreja manifestado em seu conjunto de experiências e documentos.

CONCLUINDO

O itinerário apresentado está longe de ser o ideal, porém, diante da realidade de muitas das nossas dioceses e comunidades, sem dúvida poderá ajudar na reflexão e no amadurecimento sobre a Iniciação à Vida Cristã e os necessários itinerários.

Pelo que foi exposto, fica claro que uma catequese de inspiração catecumenal está longe de ser dividida em Tempos e Etapas, ou seja, não basta apanhar os conteúdos da catequese tradicional e dividi-los em pré-catecumenato, catecumenato... Aliás, essa estrutura e suas terminologias nem precisam aparecer, pois são próprias do processo catecumenal de adultos. É necessário apenas compreender a "lógica" do processo, que visa a superar um itinerário cujas divisões comuns da catequese tradicional — Pré-Catequese, Catequese de Eucaristia, Perseverança... — não interagem e não dão continuidade uma à outra. Ao contrário, a proposta inova ao valorizar entre as Etapas uma sequência gradativa, com começo, meio e fim, onde todos os envolvidos devem ter consciência do processo em sua integralidade. O catequista da 1ª Etapa, nesse sentido, deve saber os conteúdos trabalhados na anterior. O catequista da última Etapa deve conhecer os conteúdos das Etapas já vividas... Comunidades, pastorais e movimentos devem conhecer todo o itinerário e a dinâmica da iniciação, tendo consciência do seu papel e de sua responsabilidade.

A liturgia na Iniciação Cristã não deve ser restrita apenas às celebrações, pois vai muito além disso. Deve estar no cotidiano dos encontros, desde a oração inicial e as preces até a mistagogia dos símbolos e ritos... As celebrações propostas pelo RICA, sobretudo as de entrega, carregam um sentido teológico, pedagógico e mistagógico. É preciso ter consciência disso para não multiplicar o número de celebrações (entrega de terço, do Catecismo da Igreja Católica, da imagem da Sagrada Família...), correndo o risco de torná-las momentos alegóricos, sem um objetivo iniciático específico.

Por fim, no itinerário apresentado, é trilhada uma longa caminhada através da oração e reflexão sobre diversos temas fundamentais de nossa fé e da vivência cristã, culminando no engajamento pastoral de nossos catequizandos, última Etapa e talvez a mais essencial de todo o processo. Sem dúvida, é a Etapa que mais exigirá das nossas comunidades uma mudança de mentalidade e uma especial dedicação. Com o estágio pastoral, invertemos a lógica tradicional na qual engajamos para poder crismar, e não o contrário.

Considerações finais

A relação e unidade entre catequese e liturgia, dada a sua longa e sólida tradição herdada do judaísmo, consolidou-se no cristianismo. No mandato de Jesus, ao despedir-se de seus discípulos e subir para junto do Pai — "Ide, portanto, e fazei que todas as nações se tornem discípulos, batizando-as em nome do Pai, do Filho e do Espírito Santo e ensinando-as a observar tudo quanto vos ordenei"[180] —, encontramos esta estreita relação, pois só "se torna discípulo de Jesus na Igreja através da ação litúrgica do batismo e através da ação evangelizadora da catequese"[181]. Não pode haver uma catequese eficaz sem liturgia, tampouco uma participação litúrgica plena e consciente sem uma boa catequese. Catequese e liturgia têm esta importante missão de iniciar os fiéis no Mistério da fé.

Como já visto, o catecumenato da Igreja nos primeiros séculos soube explorar essa relação e a unidade posteriormente perdida ao longo dos tempos. Como já visto também, o Concílio Vaticano II, preocupado com a evangelização e a iniciação dos cristãos na fé, pediu uma verdadeira renovação no processo iniciático e uma unidade entre catequese e liturgia. Digamos que é preciso buscar uma conspiração entre catequese e liturgia: conspiração, palavra bonita de origens esquecidas, como dizia Rubem Alves[182]: "conspirar, com-inspirar, respirar com alguém, junto".

Porém, na prática de grande parte das comunidades, percebe-se apenas uma catequese doutrinal com a inserção de algumas celebrações e/ou ritos que ficam "perdidos" e desconexos do conteúdo transmitido. Observando o processo de iniciação de outras religiões, ou ainda de algumas sociedades secretas ou confrarias, descobrimos em nós, cristãos, uma perda de nossos referenciais e práticas iniciáticas enquanto processo e revelação do Mistério através das ações rituais e dos símbolos que as constituem. Esta perda de referencial faz com que os códigos neces-

---

180 Mt 28,19.
181 LUTZ, 1995, p. 72.
182 cf. ALVES, 1997.

sários para desvendar o significado e sentido de cada rito e símbolo das celebrações litúrgicas não sejam transmitidos, levando nossas liturgias a se tornarem, em grande parte, repetitivas.

Quando não se compreende o que está sendo realizado através das ações rituais, é preciso explicar e trazer elementos de fora para "animar" as celebrações, para sair da monotonia e, com isto, para verificar uma deturpação e um desvio do que realmente é celebrado. Neste sentido, bater palmas e levantar os braços, ou ainda fazer uma leitura e entrar na procissão das oferendas, não significa participar da missa. A participação vai muito além. Participar da celebração envolve ter consciência do que é celebrado, do sentido de toda ação ritual.

Os símbolos e ritos são a identidade de um povo, de um grupo, de uma cultura. À medida que deles nos distanciamos, perdemos nossos referenciais e, com isso, nossa identidade, caindo num devocionalismo da fé em grande parte superficial. O Mistério, o transcendente, só pode ser tocado através dos sinais sensíveis. Trata-se de uma questão antropológica, condição necessária ao homem para vivenciar e experienciar melhor a sua fé.

Podemos, a princípio, questionar-nos se os sinais sensíveis de nossas liturgias ainda hoje dizem algo aos homens e mulheres do século XXI. Se olharmos mais uma vez para outras religiões, como o judaísmo, o islamismo e o candomblé, vamos ver que, sim, os ritos e símbolos estão presentes com uma carga de significados muito grande. E por que, para os cristãos, não na mesma intensidade? Tudo dependerá da maneira como seus membros são iniciados, como são levados a se relacionarem e são inseridos nos símbolos e ritos. Talvez para os cristãos não signifiquem muito, pois poucos foram educados para se relacionarem e serem inseridos na linguagem e dinâmica simbólico-ritual. Nossa iniciação não cumpriu sua função como deveria.

Faz-se necessário, portanto, voltar às origens, como pediu o Concílio Vaticano II, e descobrir a prática da Igreja dos primeiros séculos. Recuperar, na medida do possível, o processo e o método catecumenal, feito em Etapas e utilizado pelos Padres da Igreja. É de suma importância reaver o valor e significado de cada ação ritual, de cada sinal sensível, e, na catequese, transmitir os códigos e as chaves necessárias para que os novos membros decifrem e visualizem o mistério escondido em cada gesto e elemento.

A Iniciação Cristã deve tocar todo o homem; os sentidos, a mente e o coração. A fé primeiro deve ser experimentada, depois entendida. A fé não é algo racional e, por isso, a catequese não pode ser apenas verbal. São pequenas ações que, a longo prazo, poderão formar uma nova assembleia celebrante: ativa, participante e consciente do que está celebrando. Que esta reflexão ajude nossas comunidades a repensarem suas práticas e, com esforço e dedicação, a visualizarem com esperança novos horizontes.

Referências

ALDAZÁBAL, José. *Gestos e símbolos*. São Paulo: Loyola, 2005.

ALVES, Rubem. *Creio na ressurreição do corpo*. São Paulo: Paulus, 1997.

AMBRÓSIO DE MILÃO. *Explicação do símbolo*. São Paulo: Paulus, 1996. (Coleção Patrística, v. 5).

BARONTO, Luiz Eduardo P. *Laboratório litúrgico*: pela inteireza do ser na vivência da fé. São Paulo: Paulinas, 2006.

BENTO XVI. *Exortação Apostólica Pós-Sinodal Verbum Domini*: a Palavra de Deus na vida e na missão da Igreja. São Paulo: Paulinas, 2010.

_____. *Exortação Apostólica Pós-Sinodal Sacramentum Caritatis*: sobre a Eucaristia, fonte e ápice da vida e da missão da Igreja. São Paulo: Paulinas, 2014.

BERGER, Rupert. *Dicionário de liturgia pastoral*. São Paulo: Loyola, 2010.

BÍBLIA: *Bíblia de Jerusalém*. São Paulo: Paulus, 2002.

BOFF, Lina (Org.). *A ceia do Senhor nos une e nos reúne*. Juiz de Fora: Editar; São Leopoldo: Oikos, 2013.

_____. *Sacramentos da vida e a vida dos sacramentos*. Petrópolis: Vozes, 1975.

BOROBIO, Dionisio (Org.). *A celebração na Igreja*. São Paulo: Loyola, 1993. (Sacramentos, v. 2.).

_____. A *Celebração na Igreja*. Liturgia e sacramentologia fundamental. São Paulo: Loyola, 1990, v. 1.

BORNERT, R. *Les commentarires de la Divine Liturgie du VII au XV suècle*. Paris: Institut français d´études byzantines, 1966.

BOSELLI, Goffredo. *O sentido espiritual da liturgia*. Brasília: CNBB, 2014.

BUYST, Ione. Celebrar com símbolos. São Paulo: Paulinas, 2001a.

BUYST, Ione. *O ministério de leitor e salmistas*. São Paulo: Paulinas, 2001b.

_____. *O segredo dos ritos:* ritualidade e sacramentalidade da liturgia cristã. São Paulo: Paulinas, 2011.

_____. *Símbolos na liturgia*. São Paulo: Paulinas, 1998.

BRUSTOLIN, Leomar A. *A mesa do pão*: Iniciação à Eucaristia. São Paulo: Paulinas, 2009.

CELAM. *Documento de Aparecida*: texto conclusivo da V Conferência do Episcopado Latino-Americano e do Caribe. São Paulo: Paulus/Paulinas/Edições CNBB, 2007.

_____. *MANUAL de liturgia*: a celebração do Mistério Pascal. São Paulo, Paulus, 2007, v. VI.

CNBB. *Catequese renovada*: orientações e conteúdos. Documento 26. São Paulo: Paulus, 1985.

_____. *Crescer na leitura da Bíblia*. 2. ed. Estudo 86. São Paulo: Paulus, 2003.

_____. *Diretório Nacional de Catequese*. São Paulo: Paulinas, 2006.

_____. *Deixai-vos reconciliar*. Estudo 96. Brasília: CNBB, 2008.

_____. *Diretrizes Gerais da Ação Evangelizadora da Igreja no Brasil* 2015-2019. Documento 102. São Paulo: Paulinas, 2015.

_____. *Iniciação à Vida Cristã*: um processo de inspiração catecumenal. Estudo 97. Brasília: CNBB, 2009.

_____. *Iniciação à Vida Cristã*: itinerário para formar discípulos missionários. Documento 107. Brasília: Edições CNBB, 2017.

_____. *Liturgia*: exercício do sacerdócio de Jesus Cristo, cabeça e membros. Coleção 50 anos da *Sacrosanctum Concilium*. Brasília: CNBB, 2014, v. III.

CNBB. *Orientação para projeto e construção de igrejas, e disposição do espaço celebrativo*. Estudo 106. Brasília: CNBB, 2013.

_____. *Liturgia em mutirão II*. Brasília: CNBB, 2013.

CHUPUNGCO, Anscar J. *Inculturação litúrgica*: sacramentais, religiosidade e catequese. São Paulo: Paulinas, 2008.

CIRILO DE JERUSALÉM. *Catequeses mistagógicas*. Petrópolis: Vozes, 2004.

CÓDIGO DO DIREITO CANÔNICO (Codex Iuris Canonici), promulgado por João Paulo II. São Paulo: Loyola, 1994.

CONCÍLIO ECUMÊNICO VATICANO II. Constituição *Sacrosanctum Concilium* sobre a sagrada liturgia. *In: Documentos do Concílio Ecumênico Vaticano II (1962-1965)*. 3. ed. São Paulo: Paulus, 2014.

_____. Constituição Dogmática Dei Verbum sobre a revelação divina. *In: Documentos do Concílio Ecumênico Vaticano II (1962-1965)*. 3. ed. São Paulo: Paulus, 2014.

CONGREGAÇÃO PARA O CLERO. *Diretório Geral para a Catequese*. São Paulo: Paulinas, 1998.

COSTA, Rosemary Fernandes da. *Mistagogia hoje*: o resgate da experiência mistagógica dos séculos III e IV como contribuição para a evangelização atual. Dissertação (Mestrado em Teologia), Pontifícia Universidade Católica do Rio de Janeiro, em Teologia Sistemático--pastoral. Rio de Janeiro, 2003. 66 p.

ELIADE, Mircea. *Iniciaciones místicas*. Madrid: Taurus, 1986.

FERREIRA, Aurélio Buarque de Holanda. *Novo dicionário da língua portuguesa*. 2. ed. Rio de Janeiro: Nova Fronteira, 1986.

GIRAUDO, Cesare. *Num só corpo*: tratado mistagógico sobre a Eucaristia. São Paulo: Loyola, 2003.

JOHNSON, Cuthbert (OSB); JOHNSON, Stephen. *O espaço litúrgico da celebração:* guia litúrgico prático para a reforma das igrejas no espírito do Concílio Vaticano II. São Paulo: Loyola, 2006.

LACHNITT, Georg (SDB). *Iniciação Cristã entre os Xavantes:* perspectivas, pistas e metas para uma Iniciação Cristã, inculturada entre os Xavantes, a partir da Iniciação Social e Religiosa tribal, à luz da Antropologia Cultural e Teológica Litúrgica. Dissertação (Mestrado em Teologia), Faculdade de Teologia N. S. da Assunção, em Teologia Dogmática com Especialização em Liturgia. São Paulo, 1993.

LELO, Antonio Francisco. *A Iniciação Cristã:* catecumenato, dinâmica sacramental e testemunho. São Paulo: Paulinas, 2005.

LIMA, Luiz Alves. *Itinerário litúrgico-catequético de Iniciação à Vida Cristã.* Texto apresentado durante o 12º Curso de Aprofundamento Teológico e Pastoral do Clero Arquidiocesano. Arquidiocese de São Paulo. Itaici, de 4 a 7 de agosto de 2014.

LUBIENSKA DE LENVAL, *Hélène. Silêncio, gestos e palavras.* Lisboa: Aster, 1959.

LUTZ, G. *Liturgia ontem e hoje.* São Paulo: Paulus, 1995.

MISSAL ROMANO. Tradução portuguesa da 2. edição típica para o Brasil, realizada e publicada pela Conferência Nacional dos Bispos do Brasil com acréscimos aprovados pela Sé Apostólica. Petrópolis: Vozes, 1992.

MORAES, Francisco F. *O espaço do culto à imagem da Igreja.* São Paulo: Loyola, 2009.

NASSER, Maria C. Q. C. *O que dizem os símbolos?* São Paulo: Paulus, 2003.

PARRISSE, Luciano. *A liturgia e o homem: formação litúrgica.* Petrópolis: Vozes, 1967, n. 3.

PARO, Thiago A. F. *As celebrações do RICA:* conhecer para bem celebrar. Petrópolis: Vozes, 2017.

_____. O espaço litúrgico como experiência mistagógica. *Teocomunicação*, Porto Alegre, v. 44, n. 3, p. 381-395, set.-dez. 2014a.

_____. *O Caminho:* subsídio para encontros de catequese de Primeira Eucaristia, 1ª Etapa. Petrópolis: Vozes, 2014b.

_____. *O Caminho:* subsídio para encontros de catequese de Primeira Eucaristia, 3ª Etapa. Petrópolis: Vozes, 2015.

_____. *Livro de Inscrição dos Eleitos.* Petrópolis: Vozes, 2018.

PASTRO, Claudio. *Teologia do espaço.* São Paulo: Grafa, 2006.

PRADO, José Luiz Gonzaga. *A Eucaristia no IV Evangelho:* significante e significado. Revista Vida Pastoral, maio/jun., 2001.

RITUAL DA INICIAÇÃO CRISTÃ DE ADULTOS. São Paulo: Paulus, 2001.

RITUAL DA PENITÊNCIA. 2. ed. São Paulo: Paulus, 2006.

RIVIÈRE, Claude. *Os ritos profanos.* Petrópolis: Vozes, 1997.

SARTORE, Domenico; TRIACCA, Achille M. (Orgs.). *Dicionário de liturgia.* São Paulo: Paulus, 1992.

TABORDA, Francisco. *Nas fontes da vida cristã:* uma teologia do Batismo-Crisma. São Paulo: Loyola, 2001.

TERRIN, Aldo Natale. *O rito:* antropologia e fenomenologia da ritualidade. São Paulo: Paulus, 2004.

YouTube. Canal Entretimentos. *Como nascem os paradigmas: grupo dos Macacos.* Disponível em: <https://www.youtube.com/watch?v=g5G0qE7Lf0A>. Acesso em: 14 mai. 2018.

Anexo

Qualidade mistagógica das imagens que utilizamos na catequese

Em nossa prática catequética é preciso tomar cuidado com as imagens que utilizamos, seja nos encontros de catequese ou nas camisetas, cartazes, convites e lembrancinhas. É muito comum vermos estampadas e impressas imagens do pão e do cálice, com uvas e trigos ao redor, ou ainda de um ostensório como referência ao Corpo e Sangue de Cristo e à Santa Missa. Mas qual o problema dessas imagens?

Todas essas imagens — cálice, hóstia, Bíblia, pia batismal... — fazem referência aos sinais sensíveis, ou seja, àquilo que já estou vendo durante a celebração dos sacramentos ou que são utilizados nos momentos devocionais, como é o caso do ostensório. Porém esses objetos não nos remetem à realidade que significam. Veja as imagens a seguir, por exemplo.

O que está bordado no jaleco do ministro extraordinário da sagrada comunhão é a mesma coisa que vemos em suas mãos? O "símbolo" do jaleco, nesse sentido, acaba se esvaziando, perdendo sua força comunicativa. O ideal seria utilizarmos imagens que remetam ao que é o sacramento, à realidade invisível, e não aos sinais sensíveis utilizados na celebração.

Explico: o pão e vinho, por exemplo, são sinais sensíveis, símbolos sacramentais utilizados na celebração eucarística que nos remetem a uma realidade para além do que estamos vendo — o sacrifício de Cristo, seu Corpo e Sangue dados em refeição e ação de graças. Portanto toda imagem utilizada na Iniciação Cristã e impressa em cartazes ou camisetas para comunicar algo deve ser conhecida em seu significado, associada àquilo que não vemos, à realidade invisível. Podem ser utilizadas as imagens do cordeiro, por exemplo — "Eis o cordeiro de Deus que tira o pecado do mundo"[183] —, ou do pelicano, pássaro que alimenta os filhotes com seu próprio sangue na escassez de alimento. Herdada da Tradição da Igreja, a imagem do pelicano como símbolo da Eucaristia, do sacrifício e da doação de si mesmo pode ser vista no comentário 102, feito por São Jerônimo: "Sou como um pelicano do deserto, que fustiga o peito e alimenta com o próprio sangue os seus filhos".

---

183 Jo 1,29.

Ainda, imagens dos cinco pães e dois peixes, do partir o pão, dos discípulos de Emaús e tantas outras podem, sem dúvida, se tornar mais comunicativas e catequéticas.

Compreendendo toda a dinâmica simbólico-ritual e sua comunicação na liturgia, podemos rever e avaliar as imagens que utilizamos, descobrindo a riqueza pedagógica e mistagógica daquelas que vão além dos sinais sensíveis. Conscientes dos seus valores, podemos utilizar na catequese e nas comunicações sociais imagens que revelam e ajudam o povo a descobrir a realidade invisível, o Mistério de Cristo, a nossa Salvação.

Conecte-se conosco:

f facebook.com/editoravozes

⌾ @editoravozes

𝕏 @editora_vozes

▶ youtube.com/editoravozes

⌬ +55 24 2233-9033

www.vozes.com.br

Conheça nossas lojas:
www.livrariavozes.com.br

Belo Horizonte – Brasília – Campinas – Cuiabá – Curitiba
Fortaleza – Juiz de Fora – Petrópolis – Recife – São Paulo

  Vozes de Bolso

EDITORA VOZES LTDA.
Rua Frei Luís, 100 – Centro – Cep 25689-900 – Petrópolis, RJ
Tel.: (24) 2233-9000 – E-mail: vendas@vozes.com.br